Em busca do
# DESENVOLVIMENTO PERDIDO

Luiz Carlos Bresser-Pereira

# Em busca do
# DESENVOLVIMENTO PERDIDO

um projeto
novo-desenvolvimentista
para o Brasil

**FGV EDITORA**

Copyright © 2018 Luiz Carlos Bresser-Pereira

Direitos desta edição reservados à FGV EDITORA
Rua Jornalista Orlando Dantas, 37
22231-010 | Rio de Janeiro, RJ | Brasil
Tels.: 0800-021-7777 | 21-3799-4427
Fax: 21-3799-4430
editora@fgv.br | pedidoseditora@fgv.br
www.fgv.br/editora

Impresso no Brasil | *Printed in Brazil*

Todos os direitos reservados. A reprodução não autorizada desta publicação, no todo ou em parte, constitui violação do copyright (Lei nº 9.610/98).

*Os conceitos emitidos neste livro são de inteira responsabilidade do autor.*

1ª edição: 2018; 1ª e 2ª reimpressões: 2019; 3ª reimpressões: 2022.

Coordenação editorial e copidesque: Ronald Polito
Revisão: Victor da Rosa | Sandro Gomes dos Santos
Diagramação: Ilustrarte Design e Produção Editorial
Capa: Estúdio 513

Ficha catalográfica elaborada pela
Biblioteca Mario Henrique Simonsen/FGV

Bresser-Pereira, Luiz C. (Luiz Carlos Bresser), 1934-
 Em busca do desenvolvimento perdido: um projeto novo-desenvolvimentista para o Brasil / Luiz Carlos Bresser-Pereira — Rio de Janeiro : FGV Editora, 2018.
 168 p.

 Inclui bibliografia.
 ISBN: 978-85-225-2046-6.

 1. Brasil — Condições econômicas. 2. Brasil — Política econômica.
I. Fundação Getulio Vargas. II. Título

CDD — 338.981

# Sumário

Introdução   7

Capítulo 1 — As instituições: Estado e mercado   15
Duas formas de capitalismo   17
Estado e mercado fortes   21
O papel econômico do Estado   24
O mal do populismo econômico   27

Capítulo 2 — Novo desenvolvimentismo   33
Ortodoxia liberal   35
Novo desenvolvimentismo   40
"Poupança externa"   44
Doença holandesa   48
Tendência à sobreapreciação   53
Câmbio e crescimento   55
Onde está a dificuldade?   57

Capítulo 3 — Revolução Capitalista e o desenvolvimentismo clássico   59
A revolução nacional e industrial   61
O desenvolvimentismo clássico   68

Estratégia desenvolvimentista clássica 76
Educação, reforma agrária e "poupança externa" 82

Capítulo 4 — A quase-estagnação liberal desde 1990 89
    Trinta anos de regime liberal 90
    As causas da quase-estagnação 100
    Recessão 2014-16 109

Capítulo 5 — Quatro grandes problemas 115
    Ideia de nação 117
    O sistema eleitoral equivocado 121
    A imensa desigualdade 123
    A despesa com juros: captura do patrimônio público 129

Capítulo 6 — A política macroeconômica necessária 133
    As duas contas: a fiscal e a cambial 135
    Os cinco preços macroeconômicos 139
    Os cinco pontos macroeconômicos 145

Capítulo 7 — As reformas necessárias 149
    Novo teto fiscal 149
    Reforma da previdência 150
    Reforma cambial 151
    Neutralização da doença holandesa 151
    Proibição de indexação formal 152
    Reforma política 153
    Governança das empresas controladas pelo Estado 154
    Reforma gerencial do Estado 154
    Política de exportação de manufaturados 155
    Política industrial 156
    Quem ganha e quem perde 158

Sobre o autor 163
Referências 165

# Introdução

A lógica do capitalismo é a lógica do interesse para os indivíduos, do lucro para as empresas, e da competição para os Estados-nação; é uma forma dura senão implacável de organização social, mas define as sociedades modernas, porque, até hoje, foi ela que se revelou a mais capaz de promover o desenvolvimento econômico — a melhoria dos padrões de vida. Há outras lógicas nessas sociedades: há a lógica da república ou do interesse público; a lógica da democracia ou da liberdade e da igualdade; a lógica do socialismo ou da solidariedade; e a lógica do ambientalismo ou da proteção da natureza. São quatro lógicas mais humanas, mas são em parte utópicas. Elas correspondem a ideais que estão de alguma forma presentes nas sociedades modernas, mas não são dominantes. Seu grande papel é o de temperar o capitalismo, é o de dar sentido a um projeto coletivo de nação e mesmo a um projeto coletivo de humanidade. É de tornar o capitalismo menos individualista, menos corrupto, menos autoritário, menos injusto, e menos predatório da natureza. Para uma sociedade ser bem-sucedida não basta haver-se desenvolvido no plano econômico; ela precisa que a maioria de seus membros sejam cidadãos republicanos, éticos, democráticos, socialistas e ambientalistas. Desde 1930 o Brasil experimentou um extraordinário processo de industrialização ou de sofisticação produtiva. O mundo rico, desde 1940, apresentou resultados semelhantes. Desde os anos 1980, porém, o desenvolvimento econômico nos países ricos tem sido pequeno e instável, e a desigualdade só tem aumentado, o mesmo ocorrendo no Brasil desde os anos 1990. Os países ricos liderados pelos Estados Unidos se viram desafiados pelos países em desenvolvimento do Leste e do Sudeste da Ásia e pela pressão migratória dos povos pobres vizinhos, e abandonaram o desenvolvimentismo social-democrático que Franklin Delano Roosevelt havia inaugurado nos anos 1930 e que encontrou sua mais plena realização nos países europeus no pós-guerra, nos Anos Dourados do Capitalismo. Abandonaram a social-democracia, e mergulharam em um liberalismo econômico radical e agressivo enquanto suas taxas de crescimento declinavam, a instabilidade financeira voltava a ser um grande problema, os trabalhadores e os pobres viam seu padrão de vida estagnar, e as sociedades nacionais dos países centrais, que eram razoavelmente coesas nos anos 1950 e 1960, tornarem-se divididas e sem rumo a partir de 1980. O Brasil, 10 anos depois, a partir de 1990, seguiu os passos do Norte — do liberalismo econômico — e, desde então, se desindustrializou, mas avançou no campo social e político. Entretanto, desde 2013, seguiu também o caminho dos Estados Unidos de uma divisão social e de uma perda de valores republicanos e solidários.

Introdução 9

**GRÁFICO 1**
PIB *per capita* do Brasil em relação ao dos Estados Unidos
— 1950-2016

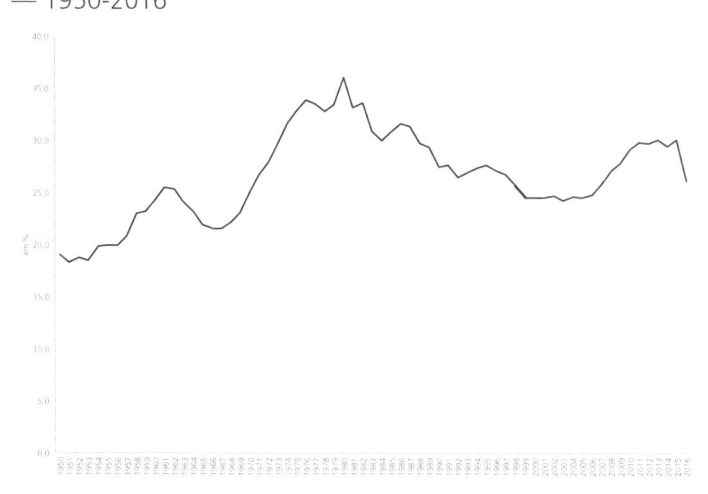

Fonte: Maddison Project Database, versão 2018.

Nesse quadro competitivo, o Brasil precisa dramaticamente de um projeto nacional; precisa vencer a quase-estagnação econômica que já dura quase 40 anos, precisa se reindustrializar ou voltar a se sofisticar produtivamente, e precisa, no plano político, recuperar a relativa coesão social perdida nos últimos cinco anos. Entre 1930 e 1980 o Brasil se industrializou e a renda *per capita* brasileira cresceu a uma taxa *per capita* de 3,8% ao ano; desde os anos 1980, o país entrou em desindustrialização e a economia está quase-estagnada, crescendo à modesta taxa de 1,0% até 2016, magnitude insuficiente para que o Brasil possa alcançar o nível de renda *per capita* dos países ricos. O Brasil está ficando para trás no conjunto dos Estados-nação e precisamos reverter isso. O que se espera de um país em desenvolvimento é que ele faça o alcançamento,¹ ou seja, que cresça mais rapidamente que os países ricos e, assim, que sua renda convirja para o nível de renda desses países. Isso aconteceu entre 1930 e 1979. Tomando-se apenas os Estados Unidos como parâmetro, a renda por habitante brasileira que em 1950 era 5 vezes menor do que a desse país, passou a ser 2,68 vezes menor em 1980, ocorrendo, portanto, forte *catching up*. Em seguida, porém, a tendência inverteu-se, e em 2014 nossa renda por habitante era 3,42 vezes menor que a americana.² O Brasil passou a ficar para trás. O gráfico 1 ilustra o comportamento dessa relação. Em 2006, graças ao *boom* de *commodities*, o Brasil voltou a reduzir a distância em relação ao PIB *per capita* americano, mas a tendência se reverteu novamente em 2015.

Entre 2014 e 2016 o Brasil passou por grave recessão. O produto interno bruto apresentou uma queda de 7,11% e o desemprego chegou a um auge de 13,7% da população ativa. Seis milhões de brasileiros foram jogados na pobreza. Ao mesmo tempo que o Brasil entrava em recessão, em 2014, entrava também em grave crise fiscal. O superávit primário do setor público, que fechou o ano de 2013 em 1,72% do PIB, começou a apresentar uma queda expressiva nos primeiros meses de 2014, transformando-se ao final daquele ano num déficit primário de 0,57% do PIB. Com a recessão iniciada no segundo trimestre de 2014, o déficit primário aumentou ao longo de 2015, fechando esse ano em 1,85% do PIB. O Brasil entrara em crise fiscal. A partir de 2017 a economia brasileira entrou na fase de recuperação do ciclo, a inflação caiu de forma surpreendente, e o Banco Central ficou sem alternativa

---

¹ A palavra pode parecer estranha, mas está no Houaiss, é "o ato de alcançar". Parece, portanto, uma boa tradução para *catching up*, desde que nos acostumemos com ela.
² Dados obtidos a partir da Penn World Table versão 9.0 cujo sítio na internet é: <www.rug.nl/ggdc/productivity/pwt/>.

senão baixar os juros. A taxa de crescimento voltou a ser positiva, alcançando um modesto 1% nesse ano, enquanto a taxa de investimento foi de apenas 15,6% do PIB. Diante disso, os inefáveis espíritos conservadores, herdeiros do Dr. Pangloss, donos de um otimismo inquebrantável quando estão no poder, já estão dizendo que o Brasil "retomou o desenvolvimento" e poderá acrescer, nos próximos anos, 3% ao ano, número que corresponderia ao "produto potencial brasileiro". Ora, essa taxa de crescimento não resulta em alcançamento, apenas não deixa a economia brasileira para trás. É uma meta baixa, satisfatória apenas para os muito ricos, mas incapaz de elevar firmemente os padrões de vida e de abrir oportunidades para os jovens. E certamente não será alcançada, se continuarmos com o regime de política econômica liberal, porque as crises financeiras cíclicas serão constantes.

O fato é que a economia brasileira está semiestagnada. Por quê? Porque não tem um projeto de desenvolvimento desde 1980? Porque adota um regime liberal de política econômica desde 1990? Porque está presa em uma armadilha macroeconômica de juros altos e câmbio apreciado? Porque o populismo fiscal e o populismo cambial impedem de essa armadilha ser levantada? No caso afirmativo, o que é preciso fazer? Quais as políticas econômicas e as reformas que colocarão o Brasil novamente na rota do crescimento e do alcançamento?

Desde 1980 a economia brasileira deixou de realizar o alcançamento dos padrões de vida dos países ricos; desde 1990 abandonou o projeto desenvolvimentista e se deixou dominar pelo capitalismo financeiro-rentista e sua ideologia neoliberal. Para que a nação volte a ser viva e atuante é preciso que volte a ter um projeto, e para isto são necessárias ações políticas em muitos setores. Neste livro, limitarei seu escopo à economia e a uma breve proposta de reforma política. Para isso, farei um diagnóstico dos problemas fundamentais a partir de uma teoria econômica em construção — o novo desenvolvimentismo. Discutirei e procurarei definir os fatos históricos novos que levaram a economia brasileira a uma quase-estagnação que já dura quase 40 anos. Mostrarei as duas formas históricas de organizar o capitalismo: o desenvolvimentismo e o liberalismo econômico. Farei a crítica do liberalismo econômico, que é incapaz de promover o crescimento do Brasil e o alcançamento dos níveis de renda dos países ricos, e a crítica das elites econômicas, políticas e intelectuais brasileiras, de seu desprezo pelo povo, de sua aliança subordinada ao capitalismo financeiro-rentista global e de seu complexo colonial de inferioridade. Mostrarei que existe no Brasil a tendência à sobreapreciação cíclica e crônica da taxa de câmbio, que é causada pela doença holandesa e por um nível persistentemente alto da taxa de juros. Explicarei por que o investimento e o desenvolvimento econômico dependem da taxa de câmbio. E, contraintuitivamente, por que o Brasil não precisa de capitais externos para crescer, e, portanto, por que deve rejeitar déficits em conta-corrente. Por que isto não significa rejeição às empresas multinacionais; apenas o fato que superávits em conta-corrente deverão financiar as empresas multinacionais brasileiras. Criticarei a alta preferência pelo consumo imediato existente na sociedade brasileira, que resulta em populismo econômico, seja por meio do gasto irresponsável do Estado, expresso em elevados e crônicos déficits públicos, ou do populismo cambial, expresso em elevados e crônicos déficits em conta-corrente. E farei propostas concretas: uma proposta de política macroeconômica, a partir das duas contas básicas (a fiscal e a cambial) e dos cinco preços macroeconômicos (a taxa de juros, a taxa de câmbio, a taxa de salários, a taxa de inflação e a taxa de lucro). Farei proposta sobre as reformas institucionais necessárias — a reforma da desindexação, a reforma do novo teto fiscal, a reforma da previdência, a reforma cambial incluindo a neutralização da doença holandesa, e a reforma gerencial. Defenderei a política industrial, mas não como substituto e sim como complemento da política macroeconômica e das reformas, e defenderei a política de exportação de bens e serviços crescentemente sofisticados. Terminarei o livro perguntando quem ganha e quem perde com essa política, e mostrarei que o único grupo que realmente perde é o dos rentistas e financistas, que não estão interessados no desenvolvimento do Brasil.

O objetivo deste pequeno livro é discutir a economia brasileira desde 1990, quando o regime de política econômica desenvolvimentista foi abandonado e o país começou a instalar um regime de política econômica liberal. É discuti-la e, principalmente, definir um projeto para o Brasil. Um projeto de desenvolvimento econômico claro e objetivo, que permita que políticos competentes, dotados de espírito republicano e solidários com seu povo, façam a crítica do liberalismo econômico e do desenvolvimentismo incompetente, e liderem o Brasil de volta ao desenvolvimento perdido. Nessa tarefa haverá um inimigo sempre nos rondando: o populismo — o populismo fiscal e o populismo cambial, que liberais e desenvolvimentistas compartilham, mas de forma diferente. O populismo liberal se expressa na política de crescimento com endividamento externo e na consequente defesa de déficits em conta-corrente crônicos e elevados que apreciam a moeda nacional e aumentam o consumo dos rentistas ao invés do investimento, e na defesa de taxas de juros injustificáveis que, além de apreciar a moeda nacional, representam uma captura do patrimônio público pelos rentistas e financistas. O populismo desenvolvimentista expressa-se na mesma defesa do crescimento com endividamento externo e na defesa de expansão fiscal em qualquer circunstância.

As políticas macroeconômicas e as reformas que discutirei neste livro levarão o Brasil a retomar o desenvolvimento e a realizar o alcançamento. Elas constituem as bases econômicas de um projeto de nação. Mas elas só serão possíveis se uma nova coalizão de classes desenvolvimentista, formada por empresários industriais e do agronegócio, trabalhadores e classes médias assalariadas e progressistas, se tornar realidade. Coalizão à qual se opõe uma coalizão liberal, financeiro-rentista, formada pelos capitalistas rentistas, inclusive a classe média tradicional, os financistas, as instituições financeiras privadas e os interesses estrangeiros, que hoje está no poder.

Para que essa coalizão de classes desenvolvimentista se forme, é necessário que seus membros, principalmente seus dirigentes, tenham para si um projeto claro. O projeto que o PT levou para o governo foi apenas um projeto de política industrial, além do projeto social de diminuição das desigualdades. Há nas esquerdas a ideia de que basta se insurgir contra a injustiça e defender a justiça, mas apenas o argumento moral e distributivo não é suficiente. É essencial que sejam partilhados e façam sentido para todos uma narrativa e um projeto comum sobre como retomar o desenvolvimento. Só assim uma nova coalizão de classes desenvolvimentista poderá se tornar hegemônica e realizar o projeto. O novo desenvolvimentismo é uma contribuição teórica; este livro, uma tentativa de organizar e definir essa narrativa e esse projeto.

Tenho muitos a agradecer pelo apoio que me deram para escrever este livro. Em primeiro lugar, agradeço a Patrícia Cunha e a José Luis Oreiro pela revisão cuidadosa que fizeram e por suas sugestões. Agradeço também a Mario Bernardini, Nelson Marconi, Rodrigo Bresser-Pereira e Geraldo Mellone, que me ajudaram a pensar este livro, a minha mulher de toda vida, Vera, e, finalmente, a Cecilia Heise, que faz a revisão final de todos os meus trabalhos.

CAPÍTULO 1

# As instituições: Estado e mercado

As duas instituições que coordenavam as sociedades primitivas eram a tradição e a religião, e não havia um poder político organizado e institucionalizado; eram sociedades igualitárias sem Estado, eram tribos ou clãs. Nas sociedades escravistas, as principais instituições que organizavam a vida social foram a religião e o Estado antigo, e a forma por excelência de organização política eram os impérios, nos quais uma oligarquia de guerreiros e sacerdotes exercia um poder de modo arbitrário. No capitalismo, finalmente, as instituições básicas passaram a ser o Estado moderno e o mercado, e a unidade político-territorial passou a ser o Estado-nação, no qual uma ampla classe social dominante, a burguesia, exerce o poder, mas que passa a ser declinante na medida em que vai sendo obrigada a dividir seu poder com a classe média tecnoburocrática e a classe trabalhadora. A democracia, que interessa fundamentalmente aos trabalhadores, era impossível nos impérios porque era impensável a ideia de alternância de poder; tornou-se viável nos estados-nação, porque no capitalismo o excedente econômico é realizado no mercado, sem que a burguesia detenha necessariamente o poder direto sobre o Estado.

Estado e mercado são, portanto, as duas instituições próprias do capitalismo. O Estado é o sistema constitucional-legal e a organização que o garante; ou, valendo-me de Max Weber, é a organização que, ao editar e implementar a lei, tem o monopólio da violência legítima em cada Estado-nação. O Estado é, portanto, a instituição maior dos Estados-nação, os quais são formados por uma nação (um povo que partilha uma história e um destino comum), seu Estado e seu território. A Revolução Capitalista ou revolução nacional e industrial foi um longo período que começou nas cidades-estado do norte da Itália e se completou pela primeira vez quando na Inglaterra, no século XVIII, surgiu a primeira nação, formou-se o Estado-nação e realizou-se a Revolução Industrial. Graças a essa anterioridade histórica, o Reino Unido tornou-se o país mais rico e mais poderoso militarmente do mundo por um século. A partir de então, os demais povos passaram a imitar o Reino Unido, a se organizar para formar seu Estado-nação e realizar sua Revolução Industrial, e, assim, iniciar seu processo de desenvolvimento econômico — processo esse que, conforme a experiência histórica ensina, só se materializa quando o país se industrializa. Os primeiros países a serem bem-sucedidos nessa emulação e se tornarem também ricos foram a Bélgica e a França; no século XIX seguiram o mesmo caminho estados-nação como os Estados Unidos, a Alemanha e o Japão, que também se tornaram países desenvolvidos. No século XX foi a vez de países como o Brasil e o México, e como a Coreia do Sul e Taiwan. Mas os dois países latino-americanos interromperam seu desenvolvimento econômico nos anos 1980 e são hoje apenas países de renda média, enquanto os países asiáticos continuaram a se desenvolver e são hoje países ricos.

Ao olharmos para a história da humanidade, vemos como os povos lutaram e ainda lutam para se tornarem uma nação e formarem seu Estado-nação. Lutam porque sabem que essa é uma condição do seu desenvolvimento. Nos primeiros — a Inglaterra, a Bélgica e a França — a formação de um estado-nação dotado de um grande mercado interno que viabilizasse a industrialização aconteceu nas sociedades agrárias-letradas e mercantis, que existiram na transição do feudalismo para o capitalismo. Nelas a formação do Estado-nação e a Revolução Industrial foram logradas por meio da associação dos monarcas absolutos e suas cortes patrimonialistas com a grande burguesia comercial que então prosperava. Foram as primeiras coalizões de classe desenvolvimentistas ou nacionalistas econômicas. Povos como os alemães e os italianos se atrasaram em realizar sua Revolução Capitalista e se desenvolver porque atrasaram-se em unificar sua sociedade e formar um grande Estado-nação. Nacionalismo econômico ou desenvolvimentismo e liberalismo econômico foram as estratégias de desenvolvimento adotadas. O mercantilismo foi um primeiro desenvolvimentismo; as demais revoluções industriais, tanto nos países retardatários da Europa como dos demais continentes, foram sempre realizadas no quadro de coalizões de classes desenvolvimentistas nas quais empresários industriais, trabalhadores e setores da oligarquia proprietária de terras se associavam para construir mercados internos grandes e livres, essenciais para a industrialização.

## Duas formas de capitalismo

As duas instituições próprias do capitalismo são o Estado e o mercado; correspondentemente, as duas formas de organização econômica e política do capitalismo são o desenvolvimentismo e o liberalismo econômico. Existe teoricamente uma terceira forma, o estatismo, mas esta é uma formação social contraditória com o capitalismo que resultou de revoluções socialistas, logrou iniciar a Revolução Industrial dos respectivos países, mas afinal se revelou intrinsecamente ineficiente e foi abandonada.

Em cada sociedade capitalista, o Estado é a instituição que coordena a sociedade por meio da lei e das políticas públicas; é o sistema constitucional-legal e a organização que o garante. Ele está presente na nossa vida em todos os momentos, desde que nascemos e somos registrados em cartório. Cabe à constituição definir o sistema político, as formas de propriedade e os grandes objetivos sociais; cabe à organização estatal garantir o cumprimento da lei e o bom funcionamento do mercado. O mercado, por sua vez, é a instituição regulada pelo Estado que coordena as atividades econômicas competitivas.

O capitalismo é desenvolvimentista quando Estado e mercado partilham a coordenação econômica, o mercado se encarregando, no plano microeconômico, dos setores competitivos, enquanto o Estado se encarrega dos setores não competitivos e da coordenação macroeconômica, cuja estabilidade e bom desempenho o mercado não tem capacidade de assegurar. O capitalismo é liberal quando o Estado se limita a garantir o bom funcionamento do mercado garantindo a propriedade e os contratos, a defender a concorrência, e a manter equilibradas as contas públicas.

Meu conceito de desenvolvimentismo é, portanto, amplo. É a alternativa ao liberalismo econômico, para o qual não existe uma palavra alternativa clara. Usava-se socialismo, mas este é uma alternativa ao capitalismo. Usa-se como alternativa à socialdemocracia, mas esta é uma forma de desenvolvimentismo social e democrático. Ao propor como alternativa a palavra desenvolvimentismo eu estou fazendo conscientemente uma ampliação semântica, porque precisamos dela para entender o capitalismo e para discutir como melhor institucionalizá-lo (Bresser-Pereira, 2017). O capitalismo nasceu desenvolvimentista no mercantilismo, que entendo haver sido o primeiro desenvolvimentismo; entre 1834 e 1929 foi liberal, desde o ano em que o Reino Unido afinal abriu seu comércio (significativamente, 60 anos depois que Adam Smith publicou *A riqueza das nações* — o livro fundador do liberalismo econômico) até quando o liberalismo econômico clássico entrou em crise terminal. Mas nos quase 100 anos em que o liberalismo econômico foi dominante, os países que primeiro se industrializaram e adotaram um regime de política econômica liberal jamais lograram realizar o "ideal" liberal, porque a realidade dos fatos obrigava os governos a fazerem intervenções econômicas, que não eram sistemáticas, mas pontuais.

A Grande Depressão e a Segunda Guerra Mundial foram um período de transição. No pós-guerra, entre 1946 e 1973, os principais países europeus passam a se desenvolver aceleradamente e a instalar o Estado social. São os Anos Dourados do Capitalismo. Os Estados Unidos alcançam hegemonia econômica e política e pretendem ser o exemplo de democracia e modernidade para todo o mundo, mas os anos 1970 foram também os anos da sua derrota no Vietnã. A rigor, os Anos Dourados do Capitalismo aconteceram principalmente em países da Europa que adotaram um modelo de capitalismo social-democrático e desenvolvimentista. Para os países que haviam realizado sua Revolução Industrial no quadro do desenvolvimentismo, foram os anos do segundo desenvolvimentismo.

Foi também o grande momento dos países em desenvolvimento como o Brasil. Muitos deles aproveitaram a janela de oportunidade aberta entre os anos 1930 e os anos 1970 para adotar uma estratégia desenvolvimentista e se industrializarem. O Norte era, então, razoavelmente desenvolvimentista, principalmente a Europa no pós-guerra, e o Banco Mundial era um banco desenvolvimentista. O Brasil, sob a liderança inicial de Getúlio Vargas, adotou uma estratégia desenvolvimentista desde 1930, e alcançou enorme êxito. Mas a partir da elevação brutal da taxa de juros americana em 1979 e da chegada ao poder, em 1979 e 1981, de dirigentes neoliberais nos Estados Unidos e no Reino Unido, os países em desenvolvimento primeiro mergulharam na Grande Crise da Dívida Externa dos anos 1980, e depois, diante das próprias debilidades e da pressão do Norte, renderam-se ao neoliberalismo e à ortodoxia liberal. Como novamente era de se esperar, os países em desenvolvimento realizaram reformas e reformas, mas o desenvolvimento econômico não veio; no Norte alguns pesquisadores deram-se conta da quase-estagnação — exceto nos países do Leste e do Sudeste da Ásia — e a denominaram "armadilha da renda média" — uma boa denominação para o baixo crescimento de muitos países, que, porém, não se deveu à irresponsabilidade fiscal dos governos (como afirma a ortodoxia liberal), porque esta, a partir de 1990, não se tornou maior do que era antes, mas menor. Deveu-se, sim, ao fato de terem todos se subordinado ao Norte e adotado o regime de política econômica liberal, que é incompatível com o desenvolvimento acelerado ou com o alcançamento.

A partir dos anos 1970, com o avanço ideológico do neoliberalismo, a volta da teoria econômica neoclássica à condição de ensino dominante nas universidades foi facilitada porque o próprio capitalismo estava em transformação. O capitalismo, que fora um capitalismo industrial ou de empresários, transformou-se na primeira metade do século XX em um capitalismo de tecnoburocratas porque estes substituíram os empresários na gestão das empresas; e na segunda metade desse século transformou-se mais uma vez, agora em um capitalismo de rentistas (os herdeiros dos empresários) e de financistas — os tecnoburocratas tecnicamente capazes, detentores de MBAs ou de PhDs em economia nas principais universidades, que administram a riqueza dos rentistas e agem como seus intelectuais "orgânicos", formuladores da ideologia neoliberal; o capitalismo torna-se assim um capitalismo financeiro-rentista.

Em síntese, tomando-se a Inglaterra e mais recentemente os Estados Unidos como parâmetro, o capitalismo central evoluiu historicamente por meio da *alternância* do desenvolvimentismo e do liberalismo econômico. O capitalismo (1) nasceu desenvolvimentista (primeiro desenvolvimentismo) ao realizar a Revolução Industrial na segunda metade do século XVIII, no quadro do mercantilismo e das monarquias absolutas; (2) foi liberal entre 1834 e 1929 (primeiro liberalismo), mantendo-se autoritário até aproximadamente a virada para o século XX quando, afinal, os liberais cederam à pressão popular e aceitaram o sufrágio universal; (3) voltou a ser desenvolvimentista (segundo desenvolvimentismo), mas agora democrático e social, entre 1946 e 1979, no tempo dos Anos Dourados do Capitalismo ou, na terminologia da Escola da Regulação Francesa, do Fordismo; (4) regrediu para um liberalismo radical, desregulado, o neoliberalismo, entre 1980 e 2008, ao mesmo tempo que o capitalismo se tornava financeiro-rentista; (5) desde 2008 o capitalismo vem passando por forte processo de retorno à regulação financeira, ao mesmo tempo que a globalização comercial entra em declínio; e a globalização produtiva, realizada pelas empresas multinacionais, continua a acontecer.

### Estado e mercado fortes

Enquanto o capitalismo foi dinâmico e progressista, o Estado e o mercado foram fortes e se complementaram — o Estado ficando com a política macroeconômica, o planejamento do setor não competitivo e uma política industrial estratégica, enquanto o mercado ficava com todo o resto da economia. Porque o mercado é mais eficiente do que o Estado em realizar a coordenação econômica quando existe competição. E, por isso, há um princípio na boa teoria desenvolvimentista, o da subsidiariedade: quando há competição, o Estado deve retirar-se da coordenação direta da produção e deixar que o mercado, por meio da lei da oferta e da procura, se encarregue da determinação dos preços e da alocação dos fatores de produção. Dado que a grande maioria dos setores econômicos tende a ser competitiva, neles o mercado é uma instituição coordenadora insubstituível. Mas toda economia tem setores não competitivos, principalmente o da infraestrutura e o dos insumos básicos, nos quais a coordenação do Estado é indispensável. E se pensarmos o sistema econômico não do ponto de vista microeconômico das empresas e dos indivíduos, mas do ponto de vista macroeconômico, dos agregados econômicos e dos preços macroeconômicos, a boa coordenação econômica, que garanta estabilidade e crescimento, terá que necessariamente ser realizada pelo Estado, para isto existindo a política fiscal, a política monetária e principalmente a política recusada pela ortodoxia liberal: a política cambial. Essas políticas são necessárias porque o mercado é incapaz de manter os cinco preços macroeconômicos no patamar certo; porque, deixada uma economia nacional por conta apenas do mercado, ela estará sujeita à inflação e à deflação e a crises econômicas e financeiras frequentes. Mesmo nos setores competitivos alguma intervenção do Estado é necessária, seja para promover a indústria infante, seja para a realização de política industrial, e, principalmente, como veremos, para neutralizar a doença holandesa.

Quando combinados pelo desenvolvimentismo, Estado e mercado se fortalecem mutuamente. O mercado torna-se vivo, cheio de energias, mostra-se uma instituição que se abre para a criatividade e para a capacidade de inovação do empresário. Os agentes econômicos dotados de espírito empresarial veem as tendências do mercado, percebem as oportunidades que se abrem, obtêm financiamento, e realizam as inovações que lhes garantem uma vantagem monopolista e, portanto, os lucros satisfatórios que são necessários para que a taxa de investimento se eleve, e o crescimento se transforme em alcançamento. No início da industrialização o Estado assume um papel importante em realizar acumulação primitiva de capital e investir na infraestrutura e na indústria de base, mas uma vez superada essa fase ele começa a abrir espaço para a iniciativa privada, porque não tem ele possibilidade de exercer a criatividade e realizar as inovações que então passam a ser necessárias. Os russos atrasaram-se em perceber esse fato, abriram sua economia tardiamente e ficaram para trás,[3] enquanto os chineses viram no momento devido que estava na hora de abrir a economia para o mercado e para o espírito empresarial dos chineses, realizaram a abertura e experimentaram o episódio mais longo e extraordinário de desenvolvimento econômico de todos os tempos. Nesses dois países a industrialização ocorreu no quadro do estatismo, e por isso sua transição para o mercado foi radical, e, no caso da Rússia, traumática, porque tentou dar um salto do estatismo para o liberalismo, fracassou, e afinal tornou sua economia desenvolvimentista; mais sábios foram os chineses, que abriram gradualmente a economia, enquanto conservavam o controle do Estado, de forma que a transição foi apenas do estatismo para o desenvolvimentismo. O Brasil e os demais países latino-americanos cometeram o mesmo erro que

---

[3] Além de abrir tardiamente sua economia, a Rússia fez ao mesmo tempo a abertura econômica e a política. Foi um grande erro, porque, sem um Estado para coordenar a abertura econômica, esta aconteceu de forma caótica, abriu espaço para a captura do patrimônio público por uma oligarquia, e causou brutal queda do PIB.

a Rússia, mergulharam no liberalismo econômico em 1990, e agora precisam corrigir o rumo e voltar a adotar a estratégia desenvolvimentista. Na medida em que um país se desenvolve e que seu mercado se fortalece, é natural que o papel coordenador do mercado aumente, mas mesmo para os países desenvolvidos o Estado precisa estar presente na política macroeconômica, no planejamento da infraestrutura, e na realização de uma política industrial estratégica, que incentive a concorrência ao invés de se tornar mero protecionismo.

## O papel econômico do Estado

Iniciei este capítulo afirmando que uma nação ou sociedade política capitalista só é coesa e capaz de realizar seus objetivos políticos se contar com um Estado forte e um mercado forte. O Estado tem funções políticas e sociais maiores do que o mercado. Analisando-se a questão de um ponto de vista histórico, seu papel econômico tem sido muito claro: não é apenas "garantir a propriedade e os contratos", como dizem os liberais, mas garantir as *condições gerais* do investimento privado — dar condições ao setor privado para que ele realize seu papel de investir e inovar. Quais são as condições gerais da acumulação e, portanto, as funções do Estado? As primeiras cinco são condições clássicas, porque os economistas antes de Keynes já as conheciam, e afetam o lado da oferta ou da produção; são condição para o aumento da produtividade. A sexta e a sétima são condições do lado da demanda; a sexta é keynesiana e a sétima, novo-desenvolvimentista.

As condições do lado da oferta, que aumentam a capacidade produtiva do país, são bem conhecidas:

(1) promover a educação, a ciência e a tecnologia;
(2) criar a moeda nacional e garantir sua estabilidade;

(3) definir instituições que garantam o bom funcionamento dos mercados;
(4) planejar e investir direta e indiretamente na infraestrutura;
(5) criar um sistema de financiamento de longo prazo para o investimento.

Keynes, nos anos 1930, promoveu uma revolução na teoria econômica ao se dar conta que, nas sociedades modernas, existe a tendência à insuficiência de demanda efetiva e à subutilização de recursos ao nível da economia como um todo. A partir dessa ideia, criou a macroeconomia, e propôs as políticas fiscais e monetárias, que deram um papel ao Estado maior. Como o mercado é incapaz de garantir que a oferta seja igual à demanda, como supunham os economistas políticos clássicos, o Estado precisa administrar a demanda efetiva por meio da política fiscal e da política monetária.

Keynes, porém, construiu na *Teoria geral* [1936] um modelo macroeconômico fechado, sem outros países, comércio exterior, conta-corrente e taxa de câmbio. Fez bem em fazê-lo, porque se abrisse o modelo provavelmente o tornaria tão complicado e não seria compreendido. O setor externo, porém, sempre foi muito importante para os países em desenvolvimento. Basta ler a *Formação econômica do Brasil* [1958] de Celso Furtado para perceber o quanto a economia brasileira refletia a economia mundial. O novo desenvolvimentismo nasceu da importância da macroeconomia aberta para os países em desenvolvimento e descobriu que existe nesses países uma tendência à sobreapreciação cíclica e crônica da taxa de câmbio, e deu origem a uma sexta e última condição geral da acumulação de capital:

(6) neutralizar a tendência à insuficiência de demanda, garantindo às empresas um nível sustentado e sufi-

ciente de demanda, por intermédio da administração da política fiscal e da política monetária, de forma a permitir uma expansão contínua do nível de produção e de vendas.

No início do século XXI, o novo desenvolvimentismo adicionou uma sétima e última condição geral de acumulação de capital a ser provida pelo Estado:
(7) neutralizar a tendência à sobreapreciação cíclica e crônica da taxa de câmbio e assim garantir o *acesso* das empresas que usam tecnologia no estado da arte mundial à demanda existente, tanto à demanda interna quanto à externa.

Em outras palavras, de nada adianta as empresas competentes estarem diante de uma demanda interna ou uma demanda externa fortes, se a taxa de câmbio do país permanece sobrevalorizada por vários anos, só se depreciando por breves períodos, quando ocorrem as crises de balanço de pagamentos. Uma taxa de câmbio fora do lugar não nega acesso apenas às boas empresas existentes, mas também a todos os empreendimentos inovadores *potenciais* que poderiam ter surgido ou vir a surgir se a taxa de câmbio se conservasse competitiva.

Concluo este capítulo com uma observação geral que decorre de tudo o que foi discutido até aqui. Um regime de política econômica liberal, como aquele hoje (2018) presente no Brasil, não tem condições de levar a economia brasileira a novamente crescer e realizar o alcançamento dos níveis de desenvolvimento dos países ricos. A alternativa é um regime de política econômica *novo-desenvolvimentista*, que defende a responsabilidade fiscal e cambial, o equilíbrio dos cincos preços macroeconômicos e a diminuição da desigualdade. Sem esses preços no patamar certo — sem uma política fiscal que mantenha o endividamento público estável e em nível confortável, sem um nível relativamente baixo da taxa de juros em torno do qual o Banco Central realiza sua política, sem uma taxa de câmbio que torne competitivas as empresas que utilizam a melhor tecnologia disponível, sem um salário médio que cresça com a produtividade, sem uma taxa de lucro satisfatória para as boas empresas industriais, e sem uma taxa de inflação baixa —, as empresas não investirão e a economia brasileira não crescerá. Sem reduzir a desigualdade, o Brasil não conseguirá se modernizar e construir uma sociedade boa de se viver. Apresentarei, no próximo capítulo, as principais ideias do novo desenvolvimentismo.

## O mal do populismo econômico

O desenvolvimento econômico depende, portanto, da adoção de uma competente política macroeconômica, a qual, por sua vez, tem três inimigos: a incompetência dos dirigentes econômicos, o populismo fiscal e o populismo cambial. Os políticos e economistas precisam conhecer a realidade econômica de seus países, devem ter conhecimento das teorias que são relevantes, e saber quais as políticas aplicáveis aos problemas que enfrentam. Precisam, por exemplo, saber ou pelo menos intuir o que é a doença holandesa e como ela pode ser neutralizada. Geralmente atribuímos as políticas econômicas que levam os países a crises e ao baixo crescimento aos interesses em jogo. Mas há momentos em que os interesses em conflito estão relativamente neutralizados e o decisor de política goza de relativa liberdade para adotar as políticas certas, mas adota as erradas. Esses casos só podem ser explicados por sua incompetência técnica. A incompetência é geralmente excluída das análises, porque a grande crítica que tanto liberais como desenvolvimentistas fazem é ao fato de seus adversários se pautarem pelos interesses das classes que eles representam. Assim, os economistas neoclássicos ou ortodoxos representam hoje os interesses dos rentistas e dos financistas, enquanto os desenvolvimentistas tentam representar os interesses dos empresários industriais e dos assalariados. Mas já vi muitos economistas ortodoxos e muitos economistas desenvolvimentistas adotarem políticas equivocadas por mera incompetência, em momentos em que tinham liberdade para adotar a política certa mas adotaram a errada. Nos primeiros quatro anos do governo Fernando Henrique, por exemplo, o câmbio foi mantido apreciado e o país acabou em grave crise de balanço de pagamentos enquanto o presidente do Banco Central afirmava que não havia por que se preocupar porque a produtividade no Brasil estaria crescendo mais rapidamente do que a dos outros países. Não pude deixar de lembrar de Garrincha, que era mais sábio e, diante das estratégias que o técnico Feola propunha para vencer a Rússia, perguntou: "mas o senhor combinou isso com os russos?".

Quanto ao problema dos interesses como causa de má política macroeconômica, eles se traduzem no populismo econômico. Nada é mais importante para um dirigente político do que rejeitar a tentação do populismo econômico, seja ele o populismo fiscal, bem conhecido, ou o populismo cambial, que precisa ser mais bem conhecido. Sabemos que a palavra populismo é problemática, porque define muitas coisas. Primeiro, é necessário distinguir o conceito político do conceito econômico de populismo. O populismo clássico é político — é um conceito da ciência política —, tem uma ampla história por trás. Simplificando muito, o populismo político é a prática de um líder carismático de estabelecer uma relação direta com o povo sem a intermediação de partidos políticos e das correspondentes ideologias. Nos países que começam a realizar sua

Revolução Capitalista, e nos quais os eleitores não sabem ainda distinguir as diversas ideologias, se o político carismático for um bom político, com espírito republicano e competência pessoal, o populismo será uma forma legítima de fazer política.

Já populismo econômico é o nome de uma prática sempre condenável, porque envolve irresponsabilidade no gastar. É uma doença que atinge tanto o liberalismo econômico como o desenvolvimentismo. A expressão foi originalmente utilizada por economistas liberais nos anos 1980, mas eles a limitaram ao populismo fiscal — ao gasto público irresponsável e a déficits públicos elevados e crônicos. Esse é sem dúvida um mal. Mas há também o populismo cambial — o gasto irresponsável não do Estado, do setor público, mas do Estado-nação, do país como um todo, incluindo o setor privado. Quando o Estado gasta mais do que arrecada de forma irresponsável, temos o populismo fiscal; quando, em lugar do Estado, é o Estado-nação que gasta irresponsavelmente mais do que arrecada, temos o populismo cambial. Nesse caso, não apenas o Estado, mas também, senão principalmente, o setor privado se envolve na gastança. Os economistas desenvolvimentistas não gostam do conceito de populismo fiscal, porque temem sua confusão com a boa e necessária política fiscal contracíclica. Os economistas liberais não têm simpatia pela ideia de populismo cambial, porque veem com bons olhos os déficits em conta-corrente. Mas o fato objetivo é que existem os dois tipos de populismo; nos dois há gasto irresponsável, nos dois casos há aumento da renda dos eleitores no curto prazo que aumenta a chance de o político ser reeleito. Mas as consequências para a economia no médio e longo prazo são muito ruins.

O populismo fiscal é péssimo porque desorganiza as finanças públicas e tende a causar inflação; o populismo cambial é pior, porque quebra o país. Como se distinguem os economistas liberais e os economistas desenvolvimentistas em relação a esse problema? Os governos desenvolvimentistas são tentados tanto pelo populismo fiscal como pelo populismo cambial, e com certa frequência caem nos dois erros. Já os governos liberais incorrem necessariamente no populismo cambial, e, no caso do Brasil, também no populismo fiscal. Eles podem ser bem-sucedidos em conduzir planos de estabilização, como o brasileiro de 1964-66, mas não têm condições de garantir o crescimento posterior, porque acreditam na política de crescimento com "poupança externa", ou seja, na política de endividamento externo, que envolve o populismo cambial. Eles incorrem tranquilamente em elevados déficits em conta-corrente na certeza de que as taxas de poupança e investimento irão aumentar em consequência desses déficits; mas a realidade é que a taxa de câmbio se aprecia, as empresas perdem competitividade, a industrialização se inviabiliza ou a desindustrialização se desencadeia, e, depois de alguns anos, uma crise financeira termina o breve ciclo de apreciação. Mas como seria o populismo fiscal dos economistas liberais? Não são eles defensores da austeridade? Depende de quem deve sofrer a política austera. O populismo fiscal liberal é o praticado extensivamente no Brasil. É defender uma taxa de juros altíssima, que implica elevadíssimo custo fiscal. Mas pagamento de juros não é populismo, garantem, porque não beneficia o consumo dos assalariados. Sim, mas aumenta os rendimentos com juros da classe média tradicional que é principalmente rentista, e permite o aumento do seu consumo. Agrada a esses eleitores diferenciados social e culturalmente, que, conjuntamente com os muito ricos, constituem sua *constituency*, a base de seu apoio político e de sua atividade profissional.

Mas é preciso ter cuidado com o termo "populismo". No plano político, desde que nos anos 1950 descobri o Brasil lendo os artigos nacionalistas e desenvolvimentistas do Iseb, aprendi a respeitar o populismo de líderes como Getúlio Vargas porque eles representavam um desafio aos sistemas oligárquicos existentes nos países que não haviam ainda se industrializado. Os liberais sempre condenaram o populismo, porque naquela época estavam aliados politicamente àquela oligarquia. Hoje, os neoliberais têm usado a palavra populismo para identificar qualquer política que não seja liberal, que seja "antiliberal", sobretudo os partidos e governos nacionalistas de direita que têm se desenvolvido principalmente na Europa e que não merecem qualquer simpatia. Mas quando um partido de esquerda adota uma posição nacionalista, desenvolvimentista e democrática, como vem acontecendo na França com o Partido de Esquerda de Jean-Luc Mélenchon, e este é "acusado" de populista, temos aí novamente a razão financeiro-rentista e liberal a se manifestar.

Em síntese, déficits em conta-corrente implicam necessariamente apreciação cambial, seja porque existe, objetivamente, uma relação direta entre o saldo em conta-corrente e a taxa de câmbio, seja porque, para financiar esse déficit relativamente permanente, é necessária uma entrada correspondente de capitais que mantém a moeda nacional apreciada no longo prazo. A taxa de câmbio que gera um déficit de 3% do PIB é substancialmente mais apreciada do que aquela que equilibra o saldo em conta-corrente do balanço de pagamentos. Em consequência, quando o país incorre em déficit em conta-corrente, as entradas de capitais que passam a ser necessárias para financiá-lo apreciam a moeda nacional, as empresas nacionais produtoras de bens comercializáveis (*tradable*) perdem competitividade e não investem, de forma que, ou o país se desindustrializa, ou, se é ainda apenas produtor de *commodities*, terá grande dificuldade em se industrializar. A política de endividamento externo para crescer é essencialmente equivocada a não ser nos breves períodos em que a economia já está crescendo muito rapidamente, a propensão marginal a consumir cai, e, em consequência, a taxa de substituição da poupança interna pela externa cai. Esta crítica novo-desenvolvimentista é contraintuitiva, porque parece verdade que "os países ricos em capital devem transferir seus capitais para os países pobres em capital",[4] mas isso só seria verdade em um mundo sem moeda ou no qual a moeda é neutra — o mundo da ortodoxia liberal. No mundo real os déficits em conta-corrente implicam apreciação da moeda nacional, porque para cada nível de saldo em conta-corrente existe uma taxa de câmbio que pode permanecer apreciada no longo prazo sem que a crise financeira se desencadeie, mas que deprime o investimento e a poupança privada no longo prazo.

---

[4] A própria ortodoxia reconhece que os capitais fluem, na verdade, dos países pobres para os países ricos; ou seja, que o fluxo líquido de capitais se dá na direção oposta ao que seria de se esperar com base na teoria neoclássica. Para os economistas ortodoxos esse fenômeno é um *puzzle* que ainda não foi adequadamente respondido por parte da teoria neoclássica. Ver Robert Lucas Jr. (1990). Devo essa referência a José Luis Oreiro.

CAPÍTULO 2

# Novo desenvolvimentismo

Vimos no capítulo anterior que, na história do capitalismo, fases desenvolvimentistas e fases liberais se alternaram: o capitalismo nasceu desenvolvimentista, tornou-se liberal no século XIX, voltou a ser desenvolvimentista após a Segunda Guerra Mundial, regrediu para o neoliberalismo entre 1989 e 2008, está em transição desde então, e poderá vir a experimentar um terceiro desenvolvimentismo. A cada uma dessas fases corresponderam teorias econômicas. À fase original, mercantilista, correspondeu a teoria econômica mercantilista de Thomas Mun e James Steuart; ao período pós-Revolução Industrial, a economia política clássica de Adam Smith e David Ricardo; ao período liberal, posterior à abertura econômica do Reino Unido, a crítica do capitalismo de Marx e a teoria econômica neoclássica de Leon Walras e Alfred Marshall; ao pós-crash da bolsa de Nova York de 1929, a macroeconomia de John Maynard Keynes e Michal Kalecki; ao acordar dos países da periferia do capitalismo para o desenvolvimento no pós-guerra, o desenvolvimentismo ou *development economics* de Arthur Lewis e Raúl Prebisch; ao capitalismo financeiro-rentista pós-Bretton Woods, a macroeconomia neoliberal de Milton

Friedman e Robert Lucas e a ortodoxia liberal do Consenso de Washington; e, finalmente, no início do século XXI, à globalização associada à crise do desenvolvimentismo clássico e às limitações da macroeconomia pós-keynesiana, correspondeu o surgimento do novo desenvolvimentismo. Nos períodos em que o regime de política econômica foi liberal não ocorreu crescimento acelerado, porque o liberalismo econômico não é compatível com um projeto de desenvolvimento; porque, nos países em desenvolvimento, defende taxas de juros elevadas e déficits em conta-corrente que implicam apreciação cambial de longo prazo e inviabilizam o desenvolvimento industrial; porque os ajustamentos que pratica são "ajustamentos internos", que envolvem apenas ajuste fiscal e pesam fortemente apenas sobre os trabalhadores, ao invés de promoverem também a depreciação cambial e, assim, pesarem também sobre os rentistas — inclusive a classe média rentista. O liberalismo econômico é incapaz de promover o alcançamento, mas isso não impede que uns poucos economistas neoclássicos façam a crítica competente das políticas liberais e proponham políticas econômicas que, afinal, são desenvolvimentistas, porque envolvem limitada, mas efetiva, intervenção do Estado. Estou pensando em economistas como Paul Krugman, Joseph Stiglitz e Dani Rodrik. Para isto ser possível, eles "esquecem" o equilíbrio geral e as expectativas racionais, apoiam-se na "teoria econômica básica" que é comum a todos os bons economistas, e usam sua experiência e notável inteligência para fazerem suas análises e propostas. Neste capítulo direi uma palavra sobre a economia política clássica, discutirei brevemente a ortodoxia liberal, e farei um grande resumo da teoria novo-desenvolvimentista que uso neste livro para pensar o Brasil e propor um projeto de desenvolvimento.

Entre as teorias liberais, existe uma que foi progressista ou revolucionária. Refiro-me à economia política clássica.

Ela surgiu em meio à Revolução Industrial na Inglaterra, e fez uma crítica cerrada à primeira grande escola econômica, a escola mercantilista, em relação à qual representou um avanço teórico. No início do século XIX, da mesma forma que a burguesia era uma classe revolucionária ou progressista, porque estava substituindo a aristocracia proprietária de terras no comando das sociedades nacionais capitalistas em formação, os economistas liberais e sua economia política eram também progressistas porque defendiam os interesses dos empresários industriais. Sua ciência estava firmemente apoiada na realidade do seu tempo; era uma ciência que buscava fazer generalizações a partir dos comportamentos recorrentes ou das regularidades e tendências econômicas que observavam nas sociedades inglesa e francesa, que então realizavam sua revolução nacional e capitalista. Com isso os economistas clássicos construíam uma ciência histórico-dedutiva que era poderosa porque realista. E naturalmente imperfeita, como deve ser qualquer teoria histórica, porque, dada a liberdade humana, não é possível fazer previsões econômicas com plena certeza.

Os economistas políticos clássicos ignoraram o papel do mercantilismo na realização das primeiras revoluções industriais, criticaram seus erros teóricos e se tornaram os ideólogos da burguesia industrial nascente. Seu liberalismo era razoável ao invés de dogmático. Eles reconheceram o papel do Estado na economia e mantiveram o nome original da ciência econômica — "economia política".

## Ortodoxia liberal

No final do século XIX, quando a burguesia e, em especial, os empresários industriais já haviam se tornado definitivamente a classe social dirigente, e agora enfrentavam o desafio do socialismo, a teoria econômica tornou-se naturalmente conservadora. E esse conservadorismo foi fortalecido quando alguns economistas descobriram a possibilidade de transformar a economia em uma ciência hipotético-dedutiva e axiomática, como é a matemática, e, assim, tão exata como é a matemática. Mas a economia é uma ciência muito diferente da matemática; a economia é uma ciência substantiva, que tem um objeto definido de estudo — os sistemas econômicos —, enquanto a matemática é uma ciência metodológica, que não tem um objeto, mas um objetivo: ajudar a pensar. Assim, o projeto neoclássico era e continua a ser absurdo — construir a ciência econômica como se construiu a matemática, a partir de axiomas —, mas atraiu economistas acadêmicos, encantados pela possibilidade de pesquisar e ensinar uma ciência "pura", desvinculada de interesses. Na verdade, e paradoxalmente, ela se revelou uma forma poderosa de legitimar "cientificamente" a ideologia liberal — o liberalismo econômico. A escola de pensamento deixou, assim, de ser clássica para ser neoclássica, e seus seguidores mudaram o nome da ciência, de economia política para *economics* — uma palavra inventada para designar uma ciência pura, não obstante nada fosse mais ideológico do que ela.

A teoria econômica neoclássica está centrada em torno do modelo de equilíbrio geral, no modelo de crescimento de Solow,[5] e na teoria das expectativas racionais. Não é o caso de discuti-la aqui. A ortodoxia liberal, por sua vez, é o conjunto de reformas, instituições e políticas econômicas neoliberais que derivam da teoria neoclássica. As reformas que propõem visam tirar o Estado da economia: as privatizações, a liberação comercial, a desregulação financeira, a autonomia do banco

---

[5] Para uma boa crítica ao modelo de crescimento de Solow, ver José Luis Oreiro (2016: cap. 2).

central, a autonomia das agências reguladores encarregadas de regular os setores não competitivos da economia que foram privatizados. As políticas econômicas são apenas duas: manter a dívida pública sob controle realizando um superávit primário suficientemente alto para esse fim, e uma política de metas de inflação, além, naturalmente, da não política de deixar a taxa de câmbio completamente livre. As reformas institucionais são importantes porque visam desvincular o Estado da economia. São intermináveis, porque a regulação é continuamente exigida pela realidade dos fatos, algo que o neoliberalismo não aceita.

A importância dada às reformas aumentou quando o capitalismo financeiro-rentista se associou ao *novo* institucionalismo — o institucionalismo neoliberal. Até 1990, as relações de produção, os conflitos de classes, as instituições e as ideologias, que são fundamentais para as teorias econômicas históricas, estavam ausentes do *mainstream* neoclássico. Era uma estranha teoria do desenvolvimento capitalista, sem história nem instituições. A história foi nela admitida, sempre marginalmente, em duas etapas. Primeiro, a partir dos anos 1960, os novo-institucionalistas associados a James Buchanam e a Mancur Olson endogeneizaram o comportamento dos políticos e servidores públicos ao suporem serem todos guiados por seus próprios interesses, fazendo compensações ou *trade-offs* apenas entre seu interesse em ser reeleito e seu interesse em capturar o patrimônio público. Daí concluíram a necessidade de reduzir o tamanho do Estado. Segundo, a partir dos anos 1990, os novos institucionalistas, agora sob influência do livro de Douglass North que lhe valeu o prêmio Nobel de economia; as instituições foram definidas corretamente como "as regras do jogo", que, naturalmente, condicionam os comportamentos econômicos. Dessa maneira, o historiador econômico, que fora marxista e se tornara um liberal radical, levava os economistas neoclássicos, inclusive os modestos economistas que reproduzem os livros-texto, a "descobrir" alguma coisa que os juristas já haviam descoberto há séculos: as instituições, ou seja, que a constituição, as demais leis e as demais normas sociais são importantes. Entretanto, apesar da sofisticação de North e de seus seguidores como Daron Acemoglu e James Robinson, a pobreza do aporte teórico é gritante. Afinal, a instituição que conta é uma só — a garantia da propriedade e dos contratos. Que, por sua vez, deu aos novos institucionalistas uma explicação histórica para o atraso econômico ou o subdesenvolvimento. Os países que não se desenvolveram no passado não o fizeram porque sua sociedade na época não respeitou a propriedade e o mercado, não criando, assim, as condições para que o mercado realizasse sua missão milagrosa de possibilitar o crescimento com estabilidade. E aplicaram sua "descoberta teórica" aos países em desenvolvimento, afirmando, por exemplo, que o Brasil se atrasou em relação aos Estados Unidos *porque* não respeitou a propriedade e os contratos, ignorando que existe uma forte correlação entre o nível de desenvolvimento econômico de um país e a qualidade das suas instituições. O Brasil não se atrasou em relação aos Estados Unidos porque não respeitou a propriedade e os contratos, mas se atrasou e não respeitou devidamente a propriedade e os contratos porque a forma de colonização, no Brasil, não foi de povoamento, como nos Estados Unidos, mas de exploração mercantil baseada no latifúndio e no trabalho escravo; porque, em consequência dessas duas formas muito diferentes de colonização, o nível educacional e social dos primeiros imigrantes chegados ao Brasil era muito baixo em comparação com os primeiros chegados aos Estados Unidos. O novo institucionalismo neoliberal hoje dominante nos países ricos supõe que é possível garantir a propriedade e os contratos em sociedades menos desenvolvidas realizando reformas institucionais com esse objetivo. Supõe que as instituições são realidades sociais exógenas, que podem ser mudadas desde que haja vontade para isso. Uma tolice. Definitivamente, o novo institucionalismo não trouxe a história para dentro do pensamento neoclássico; as instituições continuaram para esse pensamento exógenas, quando elas são endógenas, proporcionais ao nível de desenvolvimento econômico do país. O novo institucionalismo trouxe apenas uma justificação adicional à política imperial de convencer-forçar os países em desenvolvimento a realizar as reformas neoliberais que, em alguns casos, são boas reformas, mas geralmente são reformas que, ao liberalizarem, desregularem e privatizarem de forma indiscriminada, levam os países em desenvolvimento (e também os países ricos) a perder o controle de sua economia e a experimentar baixo crescimento, instabilidade financeira e aumento da desigualdade.

Como era de se esperar, a transformação do liberalismo econômico em uma espécie de religião não representou nenhum ganho na capacidade da sociedade de garantir estabilidade e crescimento econômico. As crises continuaram a se suceder, até chegarem ao *crash* de 1929, à Grande Depressão e à desmoralização do pensamento neoclássico. E abriu espaço para que grandes economistas desenvolvimentistas, principalmente os fundadores da macroeconomia, Keynes e Kalecki, e dois dos pioneiros do desenvolvimentismo, Arthur Lewis e Raúl Prebisch, refundassem a teoria econômica dotando-a de uma macroeconomia, de uma política fiscal e monetária, e de uma teoria desenvolvimentista clássica. Por 40 anos as novas ideias foram dominantes no mundo e causaram crescimento e estabilidade, mas, assim que surgiram problemas, nos anos 1970, o conservadorismo neoliberal e o platonismo acadêmico neoclássico reuniram suas forças e voltaram ao poder, impondo aos seus países e aos países em desenvolvimento a ortodoxia liberal. Com ela voltaram as crises econômicas e financeiras, o baixo crescimento e um grande aumento da desigualdade. A globalização foi identificada com a abertura comercial generalizada que os Estados Unidos e a ortodoxia liberal passaram a impor no mundo, a partir do pressuposto do século XIX de que liberalização era bom para país rico e má para os países em desenvolvimento. Um pressuposto que deixou de ser verdade quando os países em desenvolvimento passaram a exportar manufaturados, a partir dos anos 1970. Em consequência, a abertura dos mercados representou um *boomerang* para os países ricos; ela não os beneficiou, e, sim, a China e os demais países em desenvolvimento que se aproveitaram de sua mão de obra barata e dos mercados abertos nos países ricos para se industrializarem e exportar bens manufaturados. O efeito dessas exportações sobre as economias desenvolvidas foi, evidentemente, negativo, e é uma das causas do aumento do protecionismo nos países ricos. Significativamente, o que vemos hoje nos palcos internacionais são os dirigentes da China e da Índia criticando o protecionismo e fazendo a defesa da liberalização comercial. Muito bem, mas, como o novo desenvolvimentismo argumenta, desde que a taxa de câmbio seja competitiva; desde que a doença holandesa esteja neutralizada e a taxa de juros no país esteja muito próxima da taxa de juros internacional.

### Novo desenvolvimentismo

O novo desenvolvimentismo é a teoria que utilizarei neste livro para propor um projeto para o Brasil. Já vimos que essa nova teoria, originada a partir da teoria pós-keynesiana e do desenvolvimentismo clássico, defende o mercado quando se trata de coordenar setores competitivos, e defende a disciplina fiscal, apenas propondo uma política fiscal expansionista quando ela é claramente necessária, ou seja, quando ocorre uma deficiência na demanda efetiva e o país entra em recessão. Comecei a formular essa teoria no início dos anos 2000, quando me dei conta de que a economia brasileira, depois de haver superado duas grandes crises (a crise da dívida externa dos anos 1980 e a crise da alta inflação inercial de 1980 a 1994), não lograra retomar o crescimento acelerado que prevalecera nos 50 anos anteriores, que as políticas desenvolvimentistas nos anos 1980 e as políticas liberais desde 1990 haviam fracassado em fazer a economia brasileira retomar o desenvolvimento.

O desenvolvimentismo é uma palavra com muitos significados. Ela serve tanto para designar uma forma de organização econômica e política do capitalismo como para nomear uma ideologia que torne o desenvolvimento econômico sua prioridade, e, finalmente, como teoria. Como forma de organização econômica e política do capitalismo, o desenvolvimentismo supõe a intervenção moderada do Estado na economia; como ideologia, ela supõe o nacionalismo econômico; como teoria, ela defende a coordenação econômica pelo mercado, mas reconhece suas limitações; é uma teoria que explica por que o desenvolvimento econômico não depende apenas da disciplina fiscal e do respeito à propriedade e aos contratos; ele depende também de uma política econômica, principalmente de uma política cambial, que mantenha os cincos preços macroeconômicos certos, a conta-corrente e a conta fiscal equilibradas. Pedro Cézar Dutra Fonseca, que fez uma cuidadosa pesquisa sobre o termo "desenvolvimentismo", afirma que foi primeiro usado no Brasil por Hélio Jaguaribe (1962) e Bresser-Pereira (1963:16).

Em 2007, depois de haver decidido denominar como "novo desenvolvimentismo" as novas ideias relativas à taxa de câmbio, e à política de crescimento com endividamento ou "poupança externa", e enquanto estava formulando a nova teoria da doença holandesa, eu decidi escrever um livro sobre a macroeconomia do Brasil. Tomei essa decisão porque há muitos anos defendo que a macroeconomia de Keynes é uma teoria muito próxima da realidade, e reflete a economia dos países ricos após a Primeira Guerra Mundial. Há muitos anos a macroeconomia dos principais livros-textos reflete os problemas da economia americana. Por isso escrevi o livro *Macroeconomia da estagnação* (2007) no qual estão presentes uma teoria então em construção (hoje ela já está relativamente amadurecida) e o diagnóstico da quase-estagnação brasileira. Já nesse livro eu fazia meu diagnóstico principal: que a economia brasileira está, desde 1995, em uma armadilha de altos juros e câmbio apreciado no longo prazo.

O livro não recebeu muita atenção quando foi publicado, porque sobreviera um *boom* de *commodities* e a economia brasileira estava crescendo a taxas mais elevadas do que nos anos anteriores. Os anos seguintes, porém, se encarregaram de confirmar meu diagnóstico. Continuei trabalhando na construção da teoria e publiquei mais dois livros, *Globalização e competição* (2009) e *Macroeconomia desenvolvimentista* (2016), este último com Nelson Marconi e José Luís Oreiro, ao mesmo tempo que usava os novos instrumentos teóricos para explicar a economia brasileira e fazer propostas de reforma e de política econômica. Assim, a macroeconomia novo-desenvolvimentista aos poucos ganhou corpo e fundamentação teórica. É uma teoria de matiz pós-keynesiana, pois afirma que o desenvolvimento econômico é puxado pela demanda, mas é uma teoria nova, pois afirma que não basta a existência da demanda para haver crescimento; é preciso que haja *acesso* a essa demanda, algo que uma taxa de câmbio apreciada no longo prazo não garante. É nova ainda porque, além de defender *disciplina* fiscal, mostra que a disciplina cambial também é essencial — que, para o país se desenvolver, deve ter equilíbrio ou superávit em conta-corrente, não devendo, portanto, se endividar em moeda estrangeira. Finalmente, é nova porque trabalha com os cinco preços macroeconômicos: a taxa de juros, a taxa de câmbio e a taxa de salários, que — bem administradas por uma política monetária, fiscal e cambial — garantem uma taxa de lucro satisfatória para as empresas investirem e uma taxa de inflação controlada. Além disso, ela trabalha duas contas macroeconômicas: a conta fiscal, que reflete a economia do Estado, e a conta externa ou corrente, que reflete a economia do estado--nação, do país, no qual, além do Estado, há também o setor privado. As duas contas tendem a se desequilibrar, exigindo um contínuo acompanhamento do governo e da sociedade; mas a ortodoxia liberal geralmente subestima os desequilíbrios do setor privado, que se refletem na conta-corrente, e que são muitas vezes mais desestruturadores do sistema econômico do que os desequilíbrios do setor público, sobre o qual existe hoje um controle bem melhor do que aquele a que estão submetidas as contas privadas.

O novo desenvolvimentismo está focado na taxa de câmbio e na correspondente conta externa do país, uma área da teoria econômica muito pouco desenvolvida, e, talvez por isso, uma área na qual o novo desenvolvimentismo avançou bastante. Muita gente pensa que a taxa de câmbio só é importante para determinar importações e exportações, mas ela é fundamental para a inflação e, segundo o novo desenvolvimentismo, também determina o investimento e a poupança e, portanto, o desenvolvimento econômico. É frequente se afirmar que a taxa de câmbio ou é fixa e, portanto, administrada; ou é flutuante e impossível de ser administrada. Afirmam isso provavelmente tendo em mente as moedas reservas e particularmente o dólar, que, exatamente por serem moedas reservas, são difíceis de serem administradas. Mas para os países em desenvolvimento é mais fácil e absolutamente necessário ter uma política cambial que neutralize a tendência à sobreapreciação cíclica e crônica da taxa de câmbio.

## "Poupança externa"

Uma taxa de câmbio apreciada no longo prazo torna a indústria do país não competitiva e desestimula seus investimentos, tornando-se um obstáculo ao crescimento. Além disso, o correspondente déficit em conta-corrente acaba levando o país à crise de balanço de pagamentos. Não obstante, a grande maioria dos economistas não dá a importância devida aos déficits em conta-corrente.

Uma teoria é boa se, além de verdadeira, além de não ter sido desmentida pelos fatos, for contraintuitiva. Repetir o senso comum pode estar de acordo com a verdade, mas não é fazer ciência. A macroeconomia novo-desenvolvimentista parte de um princípio contraintuitivo: países de renda média como o Brasil não precisam de capitais externos para se desenvolver. Ainda que lhes faltem capitais e divisas estrangeiras, o déficit em conta-corrente com que pretendem "resolver" essa falta deprime os investimentos e dificulta o desenvolvimento econômico em vez de promovê-lo.

O argumento a favor do endividamento externo é o de que déficit em conta-corrente é poupança externa, e que a poupança externa e a poupança interna são iguais à poupança total, que sempre é igual ao investimento. Esse, porém, é um raciocínio de contador, baseado em identidades, não um raciocínio de economista, que envolve a definição de relações de causa e efeito. Quando o país entra em déficit em conta-corrente, sua taxa de câmbio se aprecia e, em consequência, (1) os rendimentos do trabalho (salários) e do capital (juros, aluguéis e dividendos) aumentam em termos reais, (2) o consumo aumenta,

(3) a competitividade das empresas e os lucros esperados caem e, assim, (4) empresas são desestimuladas a investir, enquanto trabalhadores e rentistas são estimulados a consumir. Dessa forma, a entrada dos recursos externos decorrente do déficit em conta-corrente aprecia a moeda e resulta na substituição da poupança interna pela externa, que geralmente é alta. A taxa de substituição da poupança interna pela externa só não é alta nos raros momentos em que o país já está crescendo muito fortemente, e, por isso, as oportunidades de investimento aumentam e a propensão a investir se eleva. A última vez que isso aconteceu no Brasil foi no "milagre" de 1968-73. Se as quatro etapas do ciclo de depreciação e apreciação que acabei de resumir acontecem enquanto o nível da taxa de juros permanece alto, as empresas nacionais veem seus lucros baixarem e seus índices de endividamento piorarem. Além disso, tanto os credores externos como os credores internos têm mais uma razão para suspender a rolagem da dívida das empresas e, assim, a crise se desencadear.

### GRÁFICO 2
Saldo em conta-corrente e taxa de câmbio

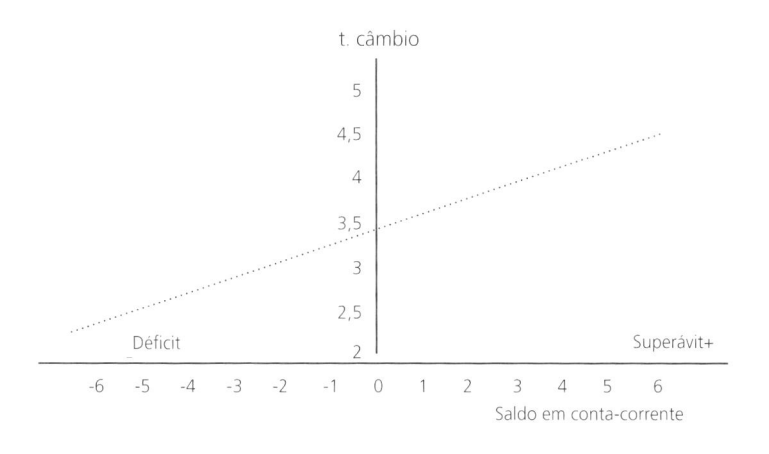

Como vemos no gráfico 2, há uma correspondência direta entre o saldo em conta-corrente e a taxa de câmbio. Um déficit em conta-corrente corresponde a uma taxa de câmbio mais apreciada do que a taxa que equilibra a conta-corrente do país. Isso acontece porque o déficit em conta-corrente exige a entrada de capitais para financiá-lo. Quanto maior o déficit externo do país, mais apreciada é sua moeda. Geralmente pensamos que são as mudanças ou flutuações da taxa de câmbio a variável independente que altera a conta-corrente do país, mas, quando um país decide crescer com poupança externa, é essa decisão que se torna a variável independente e a taxa de câmbio, um resultado. Esse foi o caso brasileiro, que me impressionou muito.

Por exemplo, suponhamos um país parecido com o Brasil. Ele já se industrializou, mas cresce muito lentamente, tem taxas de investimento e de poupança baixas, um déficit público e um déficit em conta-corrente elevados. A taxa de câmbio que zera o déficit em conta-corrente, o "equilíbrio corrente", é de $ 3,30 por dólar, enquanto a taxa de câmbio que torna competitivas as empresas industriais que operam com tecnologia no estado da arte mundial, o "equilíbrio industrial", é de $ 4 por dólar, corresponde a um superávit em conta-corrente de 1% do PIB. Nesse país, um déficit em conta-corrente de 4% do PIB corresponde a uma taxa de câmbio mais apreciada, de $ 2,80 por dólar. Podemos ver aproximadamente essa correlação no gráfico 2. Se, nessas condições, o governo decidir *tentar* crescer com poupança externa e, portanto, decidir incorrer em déficit em conta-corrente, ele tomará uma decisão autoderrotante, porque o aumento do déficit em conta-corrente implicará uma taxa de câmbio apreciada no longo prazo, que transformará empresas competitivas do ponto de vista tecnológico (usando a melhor tecnologia disponível) em empresas não competitivas do ponto de vista monetário, ou, em outras palavras, que desestimulará o investimento e estimulará o consumo. Isso está associado à alta taxa de substituição da poupança interna pela externa que geralmente caracteriza as economias em desenvolvimento devido à alta propensão marginal a consumir existente nesses países. Ao tomar, portanto, a decisão de "crescer com poupança externa", ou ao se acomodar com um déficit em conta-corrente consumista que está ocorrendo (o que vem a dar no mesmo), o governo está apenas incorrendo em populismo cambial.

É importante, porém, assinalar dois pontos: primeiro, que não há aqui rejeição ao endividamento patrimonial decorrente dos investimentos diretos; a rejeição é aos déficits em conta-corrente e às entradas excessivas de capital que apreciam no longo prazo a taxa de câmbio do país. Segundo, que não há nada aqui contra as multinacionais. Quando elas trouxerem tecnologia nova, ou quando envolverem aumento das exportações, e quando não envolverem a desnacionalização de empresas monopolistas da infraestrutura, nem dos setores estratégicos da economia nacional, elas são bem-vindas.

GRÁFICO 3
Conta-corrente e a taxa de câmbio real 1996-2016

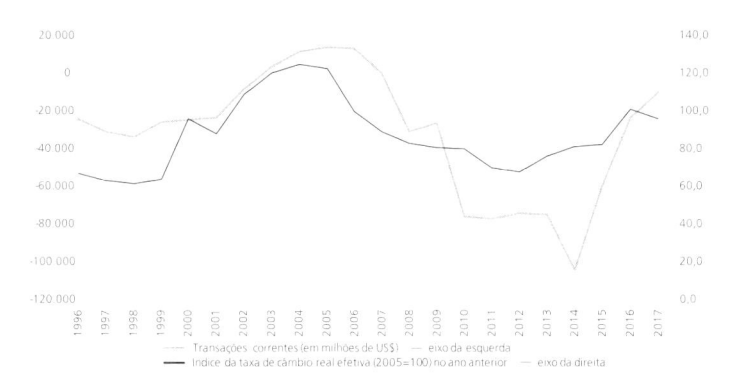

Fonte: Bacen.
Observação: o saldo de transações correntes é do ano no gráfico; a taxa de câmbio real efetiva é do ano anterior.

No gráfico 3 apresento o Brasil como exemplo. Vemos nele a relação entre o saldo de transações correntes e a taxa de câmbio real efetiva do Brasil desde 1996. É impressionante como as duas linhas andam juntas. Por que a taxa de câmbio determina o superávit em conta-corrente? Sim, mas também porque a decisão de incorrer em déficit obriga o seu financiamento, e este implica entradas de capitais que apreciam a moeda nacional.

## Doença holandesa

No nosso exemplo, a taxa de câmbio que equilibra ou zera a conta-corrente ($ 3,30 por dólar) é a taxa de câmbio de equilíbrio corrente. Se a taxa de câmbio competitiva ou de equilíbrio industrial for diferente, flutuando em torno de $ 4 por dólar, nesse país há a doença holandesa, que, nesse momento, é de $ 0,70 por dólar (a diferença entre o equilíbrio industrial e o equilíbrio corrente). Sua definição é simples. A doença holandesa é uma sobreapreciação de longo prazo da taxa de câmbio causada pela exportação de *commodities* que, devido a rendas ricardianas ou diferenciais e/ou a um *boom* de preços das *commodities*, podem ser exportadas com lucro a uma taxa de câmbio substancialmente mais apreciada do que aquela que torna competitivas as empresas industriais que utilizam tecnologia no estado da arte mundial.

O gráfico 4, no qual a taxa de câmbio está no eixo vertical e o tempo no eixo horizontal, mostra em linhas quase paralelas o equilíbrio corrente e o equilíbrio industrial. Em um país exportador de *commodities*, a linha inferior, o equilíbrio corrente, é principalmente determinada pelas *commodities*; o preço nesse exemplo ($ 3,30 por dólar) garante uma taxa de lucro satisfatória para os produtores de *commodities* e equilibra sua oferta e procura. Mas, como as *commodities* se beneficiam de recursos naturais abundantes e baratos e, em certas ocasiões, de *booms* de *commodities*, elas podem ser exportadas com lucro a uma taxa de câmbio substancialmente mais apreciada do que aquela que é necessária para as empresas industriais do país, existentes e em potencial, que utilizem a melhor tecnologia disponível no mundo. Está, aí, a doença holandesa. A taxa de câmbio é apreciada para as empresas industriais, ou, mais precisamente, para os produtores de bens e serviços *tradable* não *commodities*, enquanto é competitiva para os exportadores de *commodities*.

GRÁFICO 4
Equilíbrios corrente e industrial e taxa de câmbio

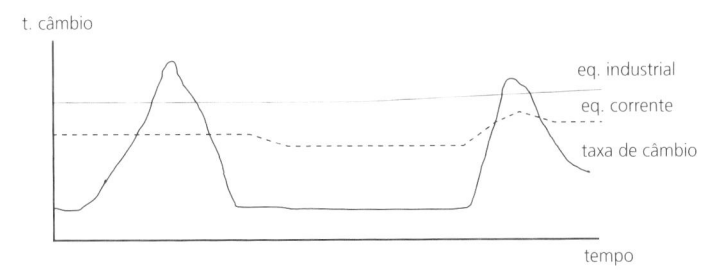

t. câmbio

eq. industrial
eq. corrente
taxa de câmbio

tempo

As taxas de câmbio de equilíbrio corrente e industrial variam no tempo. A taxa de câmbio de equilíbrio industrial varia como decorrência da evolução da relação salário/produtividade (custo unitário do trabalho) no país em comparação com a relação salário/produtividade nos demais parceiros comerciais.[6] Já a taxa de câmbio de equilíbrio corrente varia princi-

---

[6] Em termos mais técnicos, a taxa de câmbio de equilíbrio industrial é aquela que iguala o custo unitário do trabalho na economia doméstica com o custo unitário do trabalho no resto do mundo. Seja $E$ a taxa nominal de câmbio, ou seja, o preço da moeda estrangeira em moeda doméstica; $w$ a taxa de salário nominal em unidades monetárias da

palmente em função dos preços das *commodities*. Na verdade, os dois equilíbrios dependem do custo unitário do trabalho e da relação de trocas, mas para os bens industriais e o equilíbrio industrial as variações no custo unitário do trabalho têm um peso maior do que a mudança nos preços, enquanto para as *commodities* as variações nos preços internacionais têm um peso maior do que as variações no custo unitário do trabalho.

Para eliminar a desvantagem competitiva resultante da doença holandesa é preciso neutralizá-la, elevando (tornando mais depreciado) o equilíbrio corrente até ele se igualar ao equilíbrio industrial. Logrado esse objetivo, além da desvantagem competitiva desaparecer, há outra consequência importante: o país realizará um superávit em conta-corrente, isto significando que outros países deverão apresentar déficits em conta-corrente. Desaparece uma situação desbalanceada, mas surge outra, que terá que ser administrada, talvez logrando-se convencer os países ricos que emitem moeda reserva a aceitar sem grande prejuízo um déficit razoável em suas contas externas.

Como neutralizar a doença holandesa? Antes de informar a maneira mais correta de proceder a essa neutralização, é preciso dizer que a doença holandesa foi descoberta há relativamente pouco tempo (o primeiro modelo, de Corden e Nery, data de 1982; o segundo, de Bresser-Pereira, de 2008) mas existe desde que existe capitalismo, comércio internacional e taxa de câmbio. E como se trata de um problema grave, os dirigentes econômicos muitas vezes logravam intuitivamente neutralizar a doença. Taxas múltiplas de câmbio foram muitas vezes usadas com esse objetivo, mas a forma mais generalizada de neutrali-

economia doméstica; $w^*_0$ a taxa de salário nominal do resto do mundo medida em moeda estrangeira; $a_0$ a produtividade do trabalho na economia doméstica; $a^*_0$ a produtividade do trabalho no resto do mundo. Temos que: $E = \dfrac{\left(\frac{w}{a_0}\right)}{\left(\frac{w^*}{a^*_0}\right)}$

zação intuitiva e pragmática da doença holandesa foi o uso de altas tarifas aduaneiras na importação de bens manufaturados. Os governos as justificavam com o argumento da indústria infante, que muitas vezes já não fazia sentido, e os críticos acusavam os governos de protecionistas, mas não se tratava de protecionismo. Tratava-se, simplesmente, de garantir às empresas industriais do país igualdade na competição com as empresas dos outros países. Na verdade, essa era uma forma legítima de neutralizar uma falha maior de mercado como é a doença holandesa. Legítima, se a tarifa correspondesse à severidade da doença, e também uma forma de protecionismo se essa tarifa fosse mais elevada. O ideal é realizar o aumento das tarifas de importação sobre bens manufaturados de forma linear.

As consequências de uma doença holandesa podem ser muito graves. Tomemos, por exemplo, o caso da decadência da Espanha e de Portugal a partir do século XVII. Essa decadência pode ter outras causas, mas estou convencido de que a causa principal foi a doença holandesa que esses dois países sofreram devido ao ouro, à prata, ao açúcar e a outras especiarias que recebiam de suas colônias. Sua taxa de câmbio ficou sobreapreciada no longo prazo, e não tiveram qualquer possibilidade de se industrializarem. Um caso inverso, de doença holandesa neutralizada com êxito, é o dos Estados Unidos. É evidente que esse país sofreu doença holandesa originada do petróleo, continua a sofrê-la devido às *commodities* agrícolas que segue exportando, e o petróleo deve ter voltado a apreciar no longo prazo o dólar devido ao óleo de xisto. Como aquele grande país neutralizou sua doença holandesa? Simplesmente por meio das tarifas de importação de manufaturados. Enquanto os principais países europeus as reduziram na primeira parte do século XIX, os Estados Unidos mantiveram tarifas muito elevadas até 1939. Sim, 1939! Não há nada que explique esse fato senão a doença holandesa.

A partir de certo nível de desenvolvimento, alguns países neutralizam também a doença holandesa intuitivamente em relação ao mercado externo. A forma mais simples de alcançar esse resultado é estabelecer subsídio para a exportação de manufaturados, preferivelmente um subsídio linear, igual para todos os bens e serviços, que deverá ser financiado pelas tarifas lineares de importação. O Brasil, entre 1967 e 1990, usou essa estratégia para neutralizar a doença holandesa pelo lado das exportações — com grande sucesso: em 1965, as exportações de manufaturados representavam apenas 6% do total das exportações; em 1990, eram 62%.

Hoje os subsídios estão proibidos pela Organização Mundial do Comércio (OMC), mas há uma forma relativamente simples e elegante de substituir tarifas e subsídios. Trata-se de criar para cada *commodity* que origina a doença holandesa um imposto ou retenção sobre a exportação de *commodities* que seja variável de acordo com as variações de seu preço. No nosso exemplo, o exportador de uma determinada *commodity* paga R$ 0,70 por dólar exportado, porque, de acordo com a tabela específica para cada *commodity*, os R$ 0,70 correspondem naquele momento à doença holandesa. Em consequência da retenção, ocorre redução da oferta, a taxa de câmbio se deprecia correspondentemente, e se restabelece o equilíbrio entre a oferta e a procura pela *commodity* em relação à taxa de câmbio. Em outras palavras, o equilíbrio corrente e o industrial se igualam no novo equilíbrio estabelecido pelo mercado para a taxa de câmbio.

Essa é uma forma muito interessante de neutralizar a doença holandesa, porque, afinal, os exportadores nada perdem; o que eles pagam lhes é inteiramente devolvido sob a forma de depreciação. Quem realmente paga no curto prazo são os consumidores, sejam eles trabalhadores ou rentistas, e ganham as empresas industriais, que passam agora a ter igualdade nas suas condições de competição com as empresas de outros países.

## Tendência à sobreapreciação

No gráfico 4, há uma terceira curva com um comportamento cíclico expresso em dois picos: é a curva da taxa de câmbio efetiva. Se o mercado funcionasse como os economistas liberais supõem, ela deveria flutuar docemente em torno do equilíbrio corrente. Sabemos, porém, que essa não é a realidade. Segundo a macroeconomia novo-desenvolvimentista, nos países em desenvolvimento, sobretudo naqueles com doença holandesa, existe uma tendência à sobreapreciação cíclica e crônica da taxa de câmbio, de maneira que a economia vai de crise em crise financeira, entremeadas por períodos longos de sobreapreciação cambial. Os picos correspondem a crises financeiras nas quais a taxa de câmbio se deprecia fortemente.

No nosso exemplo que tem o Brasil por referência, isso aconteceu em 2002 e 2015. Esses dois anos corresponderam a crises financeiras nas quais a moeda se depreciou fortemente. Em 2015 a crise financeira se associou a uma grande queda no preço das *commodities* exportadas. Dessa maneira, enquanto a taxa de câmbio se depreciava devido à crise financeira, o equilíbrio corrente também subia devido à queda do preço das *commodities* exportadas e quase zerava a doença holandesa. Depois, os preços das *commodities* voltam a gradualmente subir, baixando o equilíbrio corrente e novamente aumentando a doença holandesa. Ao mesmo tempo, ultrapassado o pânico associado à crise financeira, a taxa de câmbio volta a se apreciar, cruza o equilíbrio industrial, chega até o equilíbrio corrente que, nos países com doença holandesa, é principalmente determinado pela lucratividade das *commodities* e as correspondentes receitas de importação, cruza o equilíbrio corrente e entra na área do déficit em conta-corrente, agora puxada pelas entradas de capitais destinados a financiar esse déficit, e, afinal, se estabiliza por alguns anos em um piso que, mesmo para as *commodities*, não é bom, mas é suficiente para manter suas exportações.

A taxa de câmbio volta, portanto, a se apreciar por duas causas: a doença holandesa e taxas de juros muito altas. Primeiro, a doença holandesa "puxa" a taxa de câmbio para baixo, apreciando-a, mas esse movimento para no equilíbrio corrente. A moeda do país continua, porém, a se apreciar, entrando na área do déficit em conta-corrente, agora puxada pela decisão do país de procurar crescer com poupança externa, ou seja, com endividamento externo. Para viabilizar essa política o governo aumenta a taxa de juros, de forma a atrair capitais externos, ao mesmo tempo que aumenta seus gastos e as importações do país. O déficit em conta-corrente assim se materializa, e, para financiá-lo, passam a entrar capitais adicionais que causam a valorização da moeda. Tanto a doença holandesa como as entradas de capitais para financiar o déficit em conta-corrente apreciam a moeda nacional no longo prazo. Afinal, a taxa de câmbio atinge o referido piso, no qual permanece alguns anos, e o resultado é desindustrialização e quase-estagnação.

Enquanto a taxa de câmbio continua flutuando em torno do piso, os déficits em conta-corrente, incorridos ano a ano, vão aumentando o endividamento em moeda estrangeira das empresas e, portanto, do país. Como o regime é de câmbio flutuante, os déficits deveriam causar a depreciação da moeda do país, mas isso não acontece porque se forma uma bolha de crédito. Uma parte grande do déficit externo é financiada por investimentos diretos e não por empréstimos, o que apenas prolonga o ciclo de sobreapreciação. Mas afinal os credores se dão conta de que correm o risco de uma quebra do país e suspendem a rolagem da dívida externa, enquanto as empresas multinacionais ficam temerosas, interrompem seus investimentos e aumentam suas remessas de lucro e de pagamento de dívida. Nesta teoria, a crise financeira é essencialmente uma crise cambial ou de balanço de pagamentos. A origem da crise pode ser irresponsabilidade fiscal e cambial somadas, que levam o país a perder o crédito internacional, mas, em muitos casos, as contas externas do país estão equilibradas e a crise, não obstante, acontece, porque o déficit em conta-corrente tornou-se muito alto e a dívida externa começou a crescer perigosamente, levando os credores externos a suspender a rolagem de seus créditos. Há, porém, a possibilidade de a crise financeira envolver apenas perda de capacidade das empresas industriais de continuar a investir. Isso acontece porque essas empresas, depois de atravessarem vários anos de juros altos e câmbio apreciado, viram seus lucros caírem ou tiveram prejuízo, suas dívidas aumentarem, seu crédito desaparecer, e ficaram sem alternativa senão paralisar seus investimentos.[7]

## Câmbio e crescimento

O papel econômico do Estado nas sociedades modernas é promover uma distribuição equilibrada da renda e garantir as condições gerais do investimento. Na segunda função, ele deve promover a educação, definir instituições que garantam o mercado, investir na infraestrutura, criar um sistema público e privado que financie o investimento, administrar e garantir a estabilidade da moeda nacional e garantir que a demanda efetiva seja suficiente para permitir o crescimento econômico sustentado.

---

[7] As crises financeiras de 1998-99 e de 2002 foram crises de balanço de pagamentos; a crise de 2014 foi uma crise financeira interna do tipo que acabei de descrever.

O novo desenvolvimentismo acrescenta uma sétima condição da acumulação de capital: realizar uma política cambial que garanta às empresas o acesso à demanda; a taxa de câmbio funciona como um interruptor que liga ou desliga as empresas do mercado externo e também do interno quando as tarifas de importação são baixas. Essa sétima função é necessária porque a taxa de câmbio não é apenas volátil; ela tem um comportamento cíclico que a torna apreciada; depois da crise financeira e da depreciação da moeda nacional, ela volta a se apreciar devido à doença holandesa e aos juros muito altos. Por isso, uma política cambial que neutralize essa tendência é necessária nos países em desenvolvimento. Por exemplo, no último ciclo de câmbio no Brasil, de 2002 a 2014, a taxa de câmbio permaneceu valorizada por sete anos, de 2007 a 2014, período em que flutuou em torno de R$ 2,80 por dólar. Nesse caso, ao fazer seus cálculos de investimento, o empresário considera essa taxa de câmbio e verifica que com ela o investimento planejado não será competitivo, não obstante use a melhor tecnologia disponível, e não investe.

Como tornar e manter uma taxa de câmbio competitiva? Por meio de uma política cambial que neutralize a doença holandesa e mantenha a taxa de juros baixa. Como tornar baixo o nível da taxa de juros em torno do qual o banco central pratica sua política monetária? Para isto é preciso que os *policymakers* (a) rejeitem a política de crescimento com endividamento externo, (b) rejeitem a política de âncora cambial para controlar a inflação e (3) controlem entradas de capitais. Já vimos que a política de atrair capitais externos é autoderrotante. Quanto ao uso de âncora cambial para manter a inflação baixa, é uma política absurda. No Brasil, bons economistas ficaram indignados quando o governo Dilma segurou o preço das empresas estatais (da Petrobras e da Eletrobras) para controlar a inflação. Para serem coerentes, deveriam ficar igualmente indignados quando o banco central segura o "preço do país" — a taxa de câmbio.

## Onde está a dificuldade?

A teoria, portanto, é simples. Explica que países em desenvolvimento crescem pouco porque enfrentam grande desvantagem competitiva: uma taxa de câmbio apreciada no longo prazo. Em consequência, não conseguem se industrializar. Ou então, se já se industrializaram, mas depois foram convencidos pela ortodoxia liberal a realizar a abertura comercial, e assim, inconscientemente, desmontaram o mecanismo que realizava essa neutralização (altas tarifas de importação e subsídio à exportação de manufaturados), o país passa a se desindustrializar e a crescer pouco. Esse foi o caso do Brasil a partir da abertura comercial de 1990. Dessa maneira, o novo desenvolvimentismo explica a desindustrialização e oferece políticas e reformas para resolver o problema. Por que os países em desenvolvimento, inclusive o Brasil, não adotam as políticas necessárias? Por que não mantêm baixo o nível da taxa de juros?

Por que não neutralizam a tendência à sobreapreciação cíclica e crônica da taxa de câmbio? Primeiro, porque os economistas já formados têm enorme dificuldade de aprender e internalizar coisas novas. A incorporação das novas ideias é muito lenta. São os jovens que se mostram mais interessados e capazes de inovar. Segundo, porque, no curto prazo, há um custo para baixar juros e tornar a taxa de câmbio competitiva: a desvalorização necessária reduz o poder aquisitivo dos salários dos trabalhadores e das rendas dos capitalistas rentistas. Por isso os economistas heterodoxos, que defendem os interesses de curto prazo dos assalariados, e os liberais, que representam os interesses rentistas e financistas, acabam formando uma "coalizão política tácita" contra a desvalorização. Os economistas que representam os interesses dos rentistas e dos financistas, com melhores razões do que os que pretendem defender os interesses dos trabalhadores. Para os trabalhadores a depreciação causará no curto prazo a diminuição do poder aquisitivo dos salários, mas eles logo serão recompensados com o aumento do emprego e, um pouco mais adiante, com o aumento da produtividade e o consequente aumento dos salários. Para os rentistas, o quadro é diferente. A desvalorização reduz igualmente o poder aquisitivo dos juros, dividendos e aluguéis, diminui o valor de sua riqueza e implica uma baixa do nível da taxa de juros que definitivamente não interessa aos rentistas.

Por isso os economistas liberais não querem nem ouvir falar em câmbio competitivo e, pela educação que recebem nas universidades americanas e inglesas, onde a taxa de câmbio fica sempre em segundo plano, eles "se esquecem" da taxa de câmbio quando discutem os problemas econômicos do Brasil. E por isso os programas de austeridade, cujo custo cai exclusivamente sobre os assalariados, mas não sobre os rentistas, não envolvem depreciação cambial. Diante de uma situação de desajuste macroeconômico representado por déficits em conta-corrente e déficits públicos elevados, a proposta dos economistas liberais é realizar apenas um ajuste fiscal, o qual, ao causar recessão e desemprego, diminuirá a taxa de juros e, sem que se altere a taxa de câmbio, tornará a moeda nacional mais competitiva porque os salários cairão. Já a proposta novo-desenvolvimentista é mais completa: realiza o ajuste fiscal, mas, ao mesmo tempo, reduz a taxa de juros de forma determinada e, por meio da política cambial anteriormente referida, deprecia a moeda. O resultado dessa segunda forma desenvolvimentista de ajuste será duplo: um ajuste mais completo tanto da conta fiscal como da conta externa do país, e uma distribuição mais equitativa do custo do ajuste entre trabalhadores e rentistas. No ajuste liberal, caracterizado pela austeridade, os custos do ajuste recaem apenas sobre os assalariados; no ajuste novo-desenvolvimentista, a quota é distribuída entre assalariados e rentistas.

CAPÍTULO 3

# Revolução Capitalista e o desenvolvimentismo clássico

A transformação fundamental que abre para um povo a possibilidade do desenvolvimento econômico e da construção de uma sociedade moderna é a Revolução Capitalista, que primeiro se completou na Inglaterra, na segunda metade do século XVIII, com a Revolução Industrial, e, depois, vai se completando em cada país que também realiza a sua Revolução Industrial. A Revolução Capitalista é a segunda grande revolução da história humana. A primeira foi a Revolução Agrícola, foi a invenção da agricultura, cerca de 10 mil anos atrás, que possibilitou o aumento da produtividade e permitiu a produção de um excedente econômico além do consumo necessário. Surgiram, então, as sociedades oligárquicas e escravistas antigas organizadas sob a forma de impérios, e coordenadas pela religião e pelo Estado antigo. Essa forma de sociedade entrou em crise no Ocidente com a queda do Império Romano e a consequente descentralização feudal. A Revolução Capitalista nasceu dessa regressão econômica e política que foi o feudalismo. Começou no século XIII, com a emergência da burguesia nas cidades-estado do norte da Itália, que prosperam realizando o comércio de longa distância. A partir daí uma grande burguesia comercial surgiu na Europa, enriqueceu-se e passou a pagar impostos ao senhor feudal mais poderoso, que, então, se transformou em monarca absoluto. Assim financiados, os monarcas mais bem-sucedidos, na Inglaterra, na Holanda, na França e na Bélgica, usaram os recursos dos impostos para realizar guerras, ampliar suas fronteiras, constituir os primeiros estados-nação e criar o mercado interno necessário para a Revolução Industrial. Dessa maneira, a Revolução Capitalista completou-se na Inglaterra, por volta de 1800, com a formação do Estado-nação e a revolução industrial. Depois, os outros três países realizaram sua Revolução Capitalista ainda no quadro do mercantilismo, tendo como modelo o Reino Unido, e se tornaram também ricos. Seguiram-se a unificação e a Revolução Capitalista nos Estados Unidos, na Alemanha, na Itália, nos países escandinavos liderados pela Suécia, e em um primeiro país da Ásia, o Japão, todos tendo realizado o alcançamento e se tornado países ricos já na primeira metade do século XX. Na segunda metade desse século foi a vez de três países asiáticos — Coreia do Sul, Taiwan e Singapura — e, a partir dos anos 1980, também da China, realizarem o alcançamento tendo como modelo o desenvolvimento japonês.

Nesse quadro amplo, o Brasil foi uma sociedade colonial até 1808-22 e semicolonial desde a Independência até a Revolução de 1930. A partir desta e aproveitando a crise do mundo rico que então se desencadeia, formou-se uma coalizão de classes desenvolvimentista sob a liderança de Getúlio Vargas. O país neutralizou intuitivamente sua doença holandesa e, entre 1930 e 1980, realizou sua revolução nacional e industrial transformando-se em um Estado-nação de renda média. O Brasil se tornara independente em 1822, mas era então uma sociedade escravista muito atrasada em comparação com a sociedade americana que conquistara sua independência 50 anos antes. Era uma sociedade formada principalmente por escravos e dominada por senhores patriarcais de terra e uma burocracia pública portuguesa. Com a independência, uma burocracia pública brasileira substituiu a portuguesa e surgiu uma burguesia comercial de mercadores de escravos, enquanto o sistema econômico latifundiário, monocultor e escravista em nada mudava. Por isso, ainda que progressos tenham sido realizados, a sociedade brasileira foi uma sociedade semicolonial, sem uma ideia e um projeto de nação, até 1930, quando, afinal, começa sua revolução nacional e industrial. Ela só se tornou uma sociedade nacional quando seu povo e suas elites, a partir de 1930, assumiram o nacionalismo econômico ou o desenvolvimentismo como ideologia, se constituíram em nação e formularam um projeto nacional de desenvolvimento. Deixaram de sê-lo, a partir de 1990, quando suas elites, enfraquecidas pela grande Crise da Dívida Externa dos Anos 1980 e por uma alta inflação, aceitaram o novo credo neoliberal que se tornara dominante no capitalismo central 10 anos antes, o neoliberalismo, e abandonaram seu projeto de país. Neste capítulo quero discutir brevemente essa revolução e associá-la ao desenvolvimentismo clássico e à teoria keynesiana que serviram de guia para os políticos e economistas que lideraram a Revolução Capitalista Brasileira.

## A revolução nacional e industrial

No período imperial, o Brasil foi uma sociedade escravista, oligárquica e mercantil, como já havia sido enquanto sociedade colonial. Foi uma economia latifundiária exportadora de bens primários, sem mercado interno, na qual não havia condições para a emergência de uma burguesia industrial e a Revolução Industrial. Foi um Estado sem nação, sem condições, portanto, para enfrentar os interesses dos países dominantes e promover seus interesses econômicos nacionais. Como em qualquer outro país, a oportunidade do desenvolvimento econômico se abriu para o Brasil quando sua sociedade, sob a liderança de Getúlio Vargas, afinal logrou constituir-se como nação e realizar sua Revolução Industrial, completando-se, assim, sua Revolução Capitalista.

A Revolução Industrial e Capitalista só aconteceu no Brasil no século XX, porque antes, ao contrário do que aconteceu com os Estados Unidos, não estavam aqui presentes as condições para a Revolução Capitalista — a formação de uma nação e o surgimento de um mercado interno. Como ensinou Caio Prado Jr., a colonização no Brasil foi uma colonização de exploração mercantil-escravocrata, voltada para a produção de bens complementares aos produzidos na Europa, como o açúcar, o cacau e o café, enquanto a colonização no Nordeste dos Estados Unidos foi uma colonização de povoamento, que permitiu a instalação de uma sociedade agrário-burguesa muito semelhante à da Inglaterra, e, portanto, com condições de, logo que se libertasse da própria Inglaterra e da escravidão existente no Sul, poder levar adiante e completar sua revolução nacional industrial.

Considerando-se apenas a história a partir de 1822, a sociedade brasileira passou por três ciclos da sua relação com o Estado, conforme vemos no quadro 1. Durante o Império (1822-89), viveu o Ciclo Estado e Integração Territorial, assim denominado porque criou o Estado — um Estado patrimonialista herdado de Portugal — e garantiu a integração territorial do Brasil. Entre 1930 e 1980 temos o Ciclo Nação e Desenvolvimento ou a Revolução Capitalista Brasileira, no qual o regime de política econômica foi desenvolvimentista. Os anos 1980 serão de crise, que dá lugar, a partir da transição democrática de 1985, ao Ciclo Democracia e Justiça Social no plano político, enquanto, no plano econômico, desde 1990, o regime de política econômica será liberal, mas também o liberalismo econômico não logrará tirar o país da crise. Desde 2015 o Brasil encontra-se em profunda crise, econômica, política e social — uma crise, provavelmente, de transição de regime de política econômica, mas que é difícil de prever para qual rumo se orientará a transição.

QUADRO 1
Ciclos e pactos políticos

| Ciclos da sociedade e do Estado | Pactos políticos |
| --- | --- |
| Ciclo Estado e Integração Territorial | Pacto Oligárquico |
| Ciclo Nação e Desenvolvimento (ou Revolução Capitalista Brasileira) | Pacto Nacional-Popular de 1930<br>Pacto Autoritário-Modernizante de 1964 |
| Ciclo Democracia e Justiça Social | Pacto Democrático-Popular de 1977 e das "Diretas Já"<br>Pacto Liberal-Dependente de 1991<br>Pacto Nacional-Popular de 2006-16 |

As duas principais contribuições do período imperial ao desenvolvimento do Brasil foram haver construído um Estado e haver garantido a unidade do território. Mas o Brasil era um estranho Estado-nação, porque lhe faltava uma nação e um projeto. A descentralização política trazida pela proclamação da República em 1989 apenas agravou o problema ao ter aberto espaço para o aumento do poder das oligarquias locais. A Revolução de 1930 interrompeu esse processo, fortaleceu o poder central, deu estrutura ao Estado, que, assim transformado, passou a ser o principal instrumento da Revolução Industrial e Capitalista que então começou. Essa revolução, pela qual todos os países têm que passar para realmente se desenvolver, contou com a liderança política de Getúlio Vargas, que se apoiou em uma coalizão de classes desenvolvimentista e nacionalista formada por empresários industriais, trabalhadores urbanos, burocracia pública e por parte da velha oligarquia proprietária de terras. Foi uma clássica revolução burguesa, modernizadora e nacional, comandada por políticos oligárquicos ou aristocráticos, mas dela não participaram os setores oligárquicos envolvidos na exportação de café, cacau e algodão, porque o novo regime usaria as rendas dessas culturas para viabilizar o desenvolvimento industrial. Por isso Ignácio Rangel, referindo-se aos setores oligárquicos que se associaram a Vargas, afirmou que era uma oligarquia substituidora de importações.

Entre 1930 e 1990, o Brasil teve um projeto nacional — a industrialização — e uma estratégia desenvolvimentista para realizá-lo. Foi no quadro do nacional-desenvolvimentismo que o país formou sua nação, formulou uma estratégia nacional de desenvolvimento e realizou sua Revolução Industrial. Nesse quadro houve crises econômicas (1946, 1954-55, 1961-64, década de 1980), nem sempre as políticas adotadas foram acertadas, a desigualdade aumentou no período, mas o fato é que o crescimento econômico e a melhoria dos padrões de vida foram extraordinários. Nesses 60 anos o Brasil completou sua Revolução Capitalista. Em 1930 o Brasil era uma sociedade agrário-exportadora dominada por uma oligarquia de senhores de terra e de políticos patrimonialistas. Em 1990, já era uma sociedade industrial que contava com uma grande classe média, uma classe operária importante e uma elite de empresários e políticos comprometidos com a industrialização. Nesse período, apenas o Japão cresceu mais do que o Brasil.

Em 1930 não existiam ainda as condições mínimas para que o país se tornasse verdadeiramente democrático — que garantisse os direitos civis e o sufrágio universal.[8] Essas con-

---

[8] Uso aqui o conceito mínimo de democracia: é o regime político que garante os direitos civis e o sufrágio universal.

dições só ficaram claras nos anos 1970, quando o Brasil estava completando sua Revolução Industrial e Capitalista, e, portanto, a classe dominante já não mais se apropriava do excedente econômico por meio do controle do Estado, mas no mercado, por meio do lucro e, depois, também por meio de altos salários e bônus (Bresser-Pereira, 2011). Com a Revolução Capitalista (1930-80), o Brasil deixara de ser uma sociedade oligárquica e se tornara uma sociedade moderna, mas ainda não era uma sociedade democrática. A nova classe capitalista industrial ainda não se sentia segura de que não seria expropriada por partidos socialistas se o voto ao analfabeto fosse garantido. Essa garantia aconteceu com a transição democrática de 1985 e a emenda constitucional de 1986 que estabeleceu o sufrágio universal.

A democracia brasileira foi o resultado de uma grande coalizão de classes democrática, social e desenvolvimentista, que se formou a partir do final dos anos 1970, quando os empresários, que desde 1964 apoiavam o regime militar, transitaram gradualmente para o campo democrático dos trabalhadores e dos movimentos sociais. A Constituição de 1988 refletiu a lógica democrática, social e desenvolvimentista do pacto democrático popular das Diretas Já.

Mas a democracia fora conquistada no quadro de uma crise econômica e financeira — a grande crise da dívida externa dos anos 1980, que desencadeou uma alta inflação inercial. As duas crises, juntas, enfraqueceram o regime militar, mas, quando o primeiro regime democrático instalado em 1985 se revelou igualmente incapaz de superá-la, o projeto desenvolvimentista perdeu força. E perdeu ainda mais força porque uma grande transformação estava acontecendo no capitalismo mundial. Este, que sob a égide do New Deal, de Franklin Delano Roosevelt, e dos Anos Dourados do Capitalismo, fora um capitalismo também social e desenvolvimentista, torna-se um capitalismo neoliberal financeiro-rentista, um capitalismo que deixa de ser de empresários para ser um capitalismo de rentistas e financistas. Ocorrida essa mudança no centro, os Estados Unidos, que logo após se tornam (por algum tempo) hegemônicos com o colapso da União Soviética, passam a pressionar os países em desenvolvimento para que abandonem o desenvolvimentismo, identificado com populismo, e também se tornem liberais.

A estratégia ou o regime de política econômica desenvolvimentista não foi exclusiva dos países em desenvolvimento. Existiu nos países hoje ricos sob a forma do mercantilismo — uma forma de organização do capitalismo que os liberais insistem em denegrir, mas foi nela que as primeiras revoluções industriais aconteceram. E, a partir dos anos 1930, o desenvolvimentismo tornou-se novamente a forma dominante de capitalismo nos países desenvolvidos. Surgiu como uma reação ao fracasso do liberalismo econômico, que se traduziu no *crash* da Bolsa de Nova York de 1929 e na Grande Depressão da década seguinte. O New Deal, nos anos 1930, e os Anos Dourados do Capitalismo, no pós-guerra até meados dos anos 1970, ou a coalizão de classes fordista, na linguagem da Escola da Regulação francesa, foram desenvolvimentistas, como havia sido desenvolvimentista o mercantilismo. Desde sua criação em 1948 até 1980, o Banco Mundial, embora na prática diretamente subordinado ao governo dos Estados Unidos, foi um centro de economistas desenvolvimentistas. Hollis Chenery, um importante pioneiro do desenvolvimentismo clássico, foi o vice-presidente de política econômica do Banco Mundial entre 1972 e 1982. Portanto, quando o Brasil, a partir de 1930, definiu sua estratégia desenvolvimentista, não encontrou oposição dos países ricos. Pelo contrário, chegou a haver colaboração nesse sentido. A Comissão Mista Brasil-Estados Unidos (1951-53), ainda que contasse com a participação de economistas ortodoxos, foi uma comissão desenvolvimentista.

Aprovou 41 projetos do Plano de Reaparelhamento Econômico elaborado pelo governo e definiu fontes de financiamento para eles; dos seus trabalhos ficou estabelecido que seria criado o Banco Nacional de Desenvolvimento Econômico (BNDE), cuja proposta era ser um dos esteios da estratégia desenvolvimentista brasileira.

Como aconteceu com os demais países, o regime político durante a Revolução Capitalista no Brasil foi principalmente autoritário. Foi de transição entre 1930 e 1937; ditatorial de 1937 a 1945; parcialmente democrático entre 1946 e 1964 (parcialmente, porque não garantia o sufrágio universal — os analfabetos não tinham direito de voto); e ditatorial novamente entre 1964 e 1984. Os períodos autoritários, porém, nada tiveram do caudilhismo clássico latino-americano. Foram regimes autoritário-modernizantes, desenvolvimentistas, instrumentais para a realização da revolução nacional e industrial brasileira. É possível que o Brasil lograsse completar sua Revolução Capitalista nos anos 1960 e 1970 sem ter recorrido ao autoritarismo — e isso teria sido muito melhor —, mas não há na história países que tenham sido democráticos quando realizavam sua revolução nacional e industrial; alguns garantiram os direitos civis, nenhum de que eu tenha notícia que tenha garantido o sufrágio universal.

O projeto de desenvolvimento de Vargas foi, desde o início, um projeto nacionalista ou desenvolvimentista de industrialização. Foi nacionalista (econômico, jamais étnico) porque, além de precisar lutar contra a oligarquia agrário-exportadora e os grandes comerciantes, todos liberal-oligárquicos, tinha que lutar contra a classe média liberal geralmente associada a interesses estrangeiros, que usavam o liberalismo econômico como arma para impedir que a nação brasileira formulasse um projeto de desenvolvimento. Foi desenvolvimentista porque defendeu a industrialização e o modelo de substituição de importações como estratégia provisória de industrialização. Mas Vargas só contou com os aportes teóricos do desenvolvimentismo clássico no seu segundo e notável governo (1950-54), quando pôde se beneficiar das novas ideias que traziam os economistas da Cepal, principalmente Celso Furtado, os intelectuais nacionalistas do Iseb, como Ignácio Rangel, Hélio Jaguaribe e Guerreiro Ramos, e, naturalmente, os membros da assessoria econômica da Presidência, principalmente Rômulo de Almeida, Jesus Soares Pereira e o mesmo Ignácio Rangel, cujo papel foi fundamental para que Vargas realizasse um grande governo.

## O desenvolvimentismo clássico

O extraordinário crescimento da economia brasileira entre 1930 e 1980 foi apoiado e, até certo ponto, orientado por duas teorias desenvolvimentistas: a teoria macroeconômica keynesiana e a teoria desenvolvimentista clássica. Sabemos que a relação entre a teoria e a prática econômica está longe de ser linear: a prática não nasce diretamente da teoria, e esta, embora influenciada pela prática, tem uma relativa autonomia. O segundo desenvolvimentismo nos países ricos começou nos anos 1930 a partir da visão política e do pragmatismo de estadistas como Franklin Delano Roosevelt nos Estados Unidos e Getúlio Vargas no Brasil, ao mesmo tempo que as políticas que adotaram permitiram aos economistas definir e justificar suas teorias.

A partir dos anos 1930 e 1940, respectivamente, surgem duas teorias desenvolvimentistas: a teoria macroeconômica de John Maynard Keynes e Michal Kalecki, e a teoria desenvolvimentista clássica ou *development economics* de Arthur Lewis, Gunnar Myrdal, Raul Prebisch, Celso Furtado e Albert Hirschman. A macroeconomia de Keynes é uma teoria voltada para o curto prazo que (a) utiliza o método histórico-dedutivo, (b) parte da observação de que nas economias capitalistas existe uma tendência à insuficiência de demanda efetiva e (c) toma como variáveis fundamentais os agregados econômicos (o PIB, o investimento, a poupança, o consumo etc.). A partir daí construiu um grande modelo econômico das economias capitalistas desenvolvidas e seu precário equilíbrio macroeconômico. Com isso, transformou e fez avançar a teoria econômica de forma decisiva. Kalecki e os economistas pós-keynesianos, particularmente Nicholas Kaldor, deram à macroeconomia uma dimensão também de longo prazo, voltada para o desenvolvimento econômico. Dado o conceito amplo de desenvolvimentismo que adoto, segundo o qual uma teoria e uma política econômica são ou desenvolvimentistas ou liberais conforme defendam uma intervenção moderada do Estado na economia ou a rejeitem, e conforme atribuam prioridade ao desenvolvimento econômico ou à estabilidade, eu não tenho dúvida em considerar desenvolvimentista o pensamento pós-keynesiano. Esse pensamento não incorporou ainda uma teoria da taxa de câmbio e uma proposta de política cambial, mas está claro nele que o desenvolvimento econômico é impossível sem que os preços e os agregados macroeconômicos estejam razoavelmente equilibrados.

O desenvolvimentismo clássico é especificamente desenvolvimentista. Ele teve precursores, como Friedrich List (1986 [1846]) e Mihail Manoïlescu (1938 [1931]), e nasceu durante a Segunda Guerra Mundial, quando um grupo de economistas em Londres, associados à transição prevista da Liga das Nações para a Organização das Nações Unidas, começou a pensar sistematicamente o problema do desenvolvimento econômico. Teve três centros de pensamento desenvolvimentista: a Cepal e a Unctad, dentro da ONU, e o Banco Mundial, e foi dominante até 1980. O trabalho dos desenvolvimentistas foi facilitado porque, a partir do fim da Segunda Guerra Mundial, o desenvolvimento econômico passou a ser, pela primeira vez, formalmente, o grande objetivo dos estados-nação, e porque também a partir desse momento as contas nacionais passaram a ser regularmente medidas. A diferença brutal entre os níveis de renda *per capita* dos países ricos em relação aos demais países torna-se clara e gritante, e o desenvolvimento econômico passou a ser um grande tema da teoria econômica e das políticas nacionais. No quadro da teoria econômica neoclássica e do liberalismo econômico não havia motivo tanto para uma teoria como para a definição de um objetivo político adicional além dos objetivos de segurança, de liberdade individual e de justiça social,[9] porque o liberalismo econômico afirmava que o papel da sociedade e do Estado na economia era passivo (o mercado cuidaria de tudo), o que levava os políticos e os cidadãos a não saber o que era necessário para promover o crescimento. No pós-guerra tornara-se claro que essa crença não se sustentava, inclusive devido ao êxito alcançado pela Alemanha de Bismarck, o Japão da Restauração Meiji e a União Soviética.[10]

Para o desenvolvimentismo clássico, o desenvolvimento econômico é o processo de acumulação de capital com incorporação de progresso técnico que aumenta a produtividade do trabalho e eleva o padrão de vida da população no longo prazo. Quando a participação da população ativa na população total é

---

[9] O quinto objetivo — a proteção do ambiente — só se constituiria como um problema universalmente reconhecido a partir da Conferência das Nações Unidas de Estocolmo, em 1972.

[10] O crescimento da União Soviética foi muito grande até os anos 1960, enquanto a ênfase estava nos investimentos na infraestrutura e nas indústrias de base, que necessitam de planejamento; a partir de 1970, quando já havia necessidade de criatividade e de inovação e o sistema econômico estatista não abria espaço para isso, a economia entrou em quase-estagnação.

constante, o aumento da produtividade é igual ao aumento da renda ou PIB *per capita*. Não é possível medir separadamente a contribuição do progresso técnico e do aumento do capital *per capita*,[11] mas praticamente todas as pesquisas mostram que a relação entre a taxa de acumulação de capital e a taxa de crescimento é muito grande. Por isso compreende-se que as duas principais políticas de desenvolvimento adotadas pelos países para crescer e as duas principais propostas desenvolvimentistas são a de buscar aumentar a taxa de investimento e poupança do país e, ao mesmo tempo, sofisticar tecnologicamente a produção de forma a aumentar a produtividade do trabalho (a produção por trabalhador) e a produtividade do capital (a relação produto-capital).

Mas o desenvolvimentismo clássico não faz essa proposta no vazio da história. Sua tese central é que desenvolvimento econômico é industrialização ou "mudança estrutural", conforme venho propondo, é sofisticação produtiva. Para deixar claro, os serviços sofisticados tecnologicamente estão incluídos no conceito de mudança estrutural. Os reis ingleses que já no século XIII proibiam a exportação de lã *in natura* e previam penas severas para os infratores já sabiam disso. O país se desenvolve quando realiza tarefas que sejam crescentemente mais sofisticadas tecnologicamente e tenham um valor adicionado *per capita* elevado, emprega pessoas com nível elevado de educação e paga bons salários, sejam elas atividades industriais ou de serviços. A tese de que desenvolvimento econômico é sofisticação produtiva é óbvia, mas conflita com a teoria neoclássica e seu liberalismo econômico, que afirma, a partir de seu método hipotético-dedutivo e contra toda a evidência, que não existe relação entre desenvolvimento e industrialização;

---

[11] Os neoclássicos afirmam que essa mensuração, a contribuição do progresso para o crescimento, seria o "resíduo" da aplicação do modelo de Solow — uma medida definitivamente pouco confiável.

que basta que um país deixe o mercado alocar os fatores de produção livremente, que ele direcionará a produção para as atividades com maiores vantagens comparativas, e o desenvolvimento acontecerá. E quando alguém objeta que historicamente isso jamais aconteceu, o economista neoclássico, para quem a consistência lógica vale mais do que a comprovação empírica, oferece o exemplo da Austrália, que teria se tornado um país rico sem se industrializar. Mas o argumento baseia--se em dado fatual falso. Para se tornar um país, a Austrália também se industrializou. Depois, sofreu um processo de desindustrialização, que, porém, foi benigno, porque transferiu trabalhadores para a mineração, que é sofisticada produtivamente e paga salários elevados.

O primeiro argumento a favor da industrialização e da proteção inicial à indústria foi o argumento da indústria infante, formulada pelos patronos do desenvolvimentismo — Alexander Hamilton (2001 [1791]) nos Estados Unidos e Friedrich List (1986 [1846]) na Alemanha. No pós-guerra, a partir da nova preocupação com o desenvolvimento econômico e da associação histórica entre crescimento econômico e industrialização, o desenvolvimentismo clássico, nesse caso representado principalmente por Raúl Prebisch (1949), apresentou três argumentos adicionais a favor da industrialização. Primeiro, o argumento básico segundo o qual o crescimento econômico envolve a *transferência* de mão de obra da agricultura para a indústria, ou, mais precisamente, a transferência de mão de obra dos setores pouco sofisticados, que pagam baixos salários e têm um baixo valor adicionado *per capita*, para os setores produtivamente sofisticados. Segundo, a tese da *tendência* à deterioração dos termos de troca dos países exportadores de *commodities*, que decorre do fato de que os países industriais não repassam seus avanços de produtividade realizados na indústria (onde eles ocorrem com mais facilidade do que no setor primário) para os preços, fazendo que eles caiam, como supõe a teoria neoclássica, para rejeitar a industrialização como estratégia de desenvolvimento. Essa transferência é apenas parcial, porque os aumentos de produtividade são repassados para os trabalhadores organizados, sob a forma de aumentos de salários. Terceiro, Prebisch propôs o argumento das duas elasticidades *perversas* para os países em desenvolvimento: enquanto a elasticidade da importação de bens industriais pelos países em desenvolvimento é maior do que um, a elasticidade da importação de bens primários pelos países ricos é menor do que um. Prebisch deduziu daí que essa era uma desvantagem estrutural; que o país exportador de *commodities* tenderia sempre a enfrentar um problema de insuficiência da demanda externa, e que a solução para o problema era industrializar o país, não obstante a dificuldade adicional que a falta de dólares representava. Deduziu, também, que o modelo de substituição de importações era uma solução para o problema — uma solução de curto prazo que se esgota assim que a dimensão do mercado interno passa a impedir que a indústria nacional se beneficie das economias de escala. Poderia ter acrescentado que essa industrialização deveria capacitar o país em desenvolvimento a exportar manufaturados, mas nos anos 1950 e 1960 os desenvolvimentistas clássicos eram pessimistas em relação a essa possibilidade. E poderia ter também deduzido que a restrição de divisas envolvida no modelo das duas elasticidades originaria uma constante pressão para que a taxa de câmbio se depreciasse, mas Prebisch era cético quanto à possibilidade de usar o câmbio ao invés de tarifas para industrializar o país.

Uma dedução muito diferente foi feita por Hollis Chenery e Michael Bruno (1962). Eles concluíram que o modelo mostrava que havia uma segunda falta ou hiato além da falta de capital a impedir o desenvolvimento econômico — a falta de dólares — e propuseram o modelo dos dois hiatos, que se resolvia por meio do endividamento externo. Era um equívoco. Como o novo desenvolvimentismo mostraria, a política de crescer com déficits em conta-corrente, endividamento em moeda estrangeira e recurso à "poupança externa" é uma política autoderrotante, porque implica apreciação cambial que torna não competitiva a indústria que a política quer estimular.

O argumento das duas elasticidades perversas foi formalizado por Anthony Thirlwall (1979), conhecido como modelo de "restrição externa". O modelo mostrou com clareza que a taxa de crescimento das exportações constitui um limite para o crescimento da renda nacional. Havia, assim, um problema crônico de demanda externa que foi saudado pelos economistas pós-keynesianos como mais uma demonstração de que o desenvolvimento econômico dos países periféricos enfrenta um problema crônico de demanda externa. Mas isso só reforçou a necessidade e a dificuldade de o país se industrializar e se tornar um país exportador de manufaturados. Não justificou dois erros incorridos por muitos dos desenvolvimentistas clássicos: seu apego ao modelo de substituição de importações cuja validade no tempo é limitada devido ao problema das economias de escala, e o fato de todos eles terem a política de crescimento com endividamento externo, desde seu fundador, Rosenstein-Rodan (1943), com seu modelo de desenvolvimento equilibrado ou do *big push*.

Nos anos 1950 já estava claro para o desenvolvimentismo clássico que crescimento econômico é sinônimo de industrialização. E o principal argumento também estava claro. Há duas maneiras de aumentar a produtividade de um país: ou aumentando a produtividade na produção dos mesmos bens e serviços, ou transferindo mão de obra de setores com baixo valor adicionado *per capita*, baixa sofisticação tecnológica e baixos salários para setores nos quais as qualidades inversas estejam presentes. A formalização paradigmática desse segundo método foi realizada por Arthur Lewis (1958 [1954]) quando supôs que nos países em desenvolvimento havia uma oferta ilimitada de mão de obra. Entretanto, nos últimos anos, os economistas pós-keynesianos brasileiros vêm usando o argumento de um dos mais importantes seguidores de Keynes, Nicolas Kaldor (1957), segundo o qual o desenvolvimento econômico envolve industrialização, porque na indústria existem rendimentos crescentes de escala (Lamonica e Feijó, 2011). Kaldor partiu da tese desenvolvimentista clássica, que ele denominou "função de progresso técnico", que estabelece a existência de uma relação estrutural entre a taxa de crescimento do produto por trabalhador (a produtividade) e a taxa de crescimento do capital por trabalhador. E explicou esse aumento da produtividade pelo aumento do capital por trabalhador, pois a maioria das inovações tecnológicas que aumenta a produtividade do trabalho demanda a utilização de um maior volume de capital por trabalhador, ou, na formulação de Celso Furtado, está incorporada no investimento. Porque, acrescentou Kaldor, muitas vezes a acumulação de capital beneficia-se de economias de escala e, assim, envolve também aumento da produtividade do capital. É um bom argumento, mas é mais importante para países já ricos, onde os rendimentos crescentes fazem uma diferença. Nos países em desenvolvimento o argumento da transferência de mão de obra de setores de baixo valor adicionado para setores com maior valor adicionado *per capita* continua a ser o argumento mais significativo.

Os cinco argumentos (indústria infante, transferência de mão de obra, deterioração dos termos de troca, elasticidades perversas e economias de escala) defendiam a industrialização. Para implementá-la, os desenvolvimentistas clássicos propunham que o país recorresse à proteção tarifária — à adoção de tarifas elevadas na importação de bens manufaturados. Eram, portanto, argumentos que criticavam a lei das vantagens comparativas do comércio internacional — o argumento básico adotado pela ortodoxia liberal para liberalizar o comércio internacional — e defendiam a proteção à indústria nacional. Uma comprovação empírica muito interessante da relação direta entre desenvolvimento econômico e sofisticação produtiva foi oferecida pelo "mapa da complexidade econômica", de Hausmann e Hidalgo (2014). Os autores criaram o Observatório da Complexidade — uma parceria entre o MIT e a Universidade de Harvard — e montaram uma grande base de dados que mostra com clareza o grau de complexidade de cada país e sua direta relação com o desenvolvimento econômico. Para medir essa complexidade usaram dois conceitos básicos — a ubiquidade e a diversidade de produtos encontrados na sua pauta exportadora, uma informação que é disponível para quase todos os países desde os anos 1950. Se uma determinada economia é capaz de produzir bens não ubíquos, que apenas alguns países produzem, e se sua pauta de exportação é diversificada, há indicação de que conta com um tecido produtivo complexo, e, portanto, sofisticado e desenvolvido (Gala, 2017).

## Estratégia desenvolvimentista clássica

A estratégia adotada por Vargas, que só ficou plenamente definida em seu segundo governo, e, depois, a estratégia adotada pelos militares foram uma estratégia desenvolvimentista apoiada na teoria desenvolvimentista clássica. O projeto nacional podia ser expresso em uma palavra: industrialização. E o método para alcançá-lo envolveu o uso do Estado como instrumento de desenvolvimento, podendo ser sumarizado da seguinte forma. No plano econômico, envolveu: (1) manter a conta fiscal do país equilibrada; (2) proteger a indústria nacional para iniciar o crescimento via substituição de importações; (3) planejar a infraestrutura e a indústria de base e usar empresas estatais para realizar os principais investimentos nessas duas áreas; (4) montar um sistema financeiro nacional para financiar os investimentos; (5) recorrer adicionalmente ao financiamento externo e aos investimentos diretos das empresas multinacionais para aumentar a taxa de investimento. E, no plano político, a estratégia de Vargas implicou: (6) reformar o Estado tornando profissional a burocracia pública; (7) associar a burocracia pública e os trabalhadores aos empresários industriais formando, assim, um pacto político desenvolvimentista; (8) garantir a paz social por meio de um sistema sindical corporativo tanto do lado dos trabalhadores como do lado das empresas; (9) construir um sistema básico de seguridade social; (10) definir uma legislação trabalhista que compensasse a fraqueza do trabalhador diante da empresa e o protegesse. Essas 10 políticas estavam claramente associadas ao desenvolvimentismo clássico.

Depois da crise financeira do início dos anos 1960 e do golpe militar de 1964, o país retomou a estratégia desenvolvimentista, mas agora de forma autoritária, com a exclusão dos trabalhadores da coalizão de classes políticas. Entre 1964 e 1966, Octavio Gouveia de Bulhões e Roberto Campos comandam o necessário ajuste da economia brasileira, que geralmente é classificado de "ortodoxo" de forma pejorativa, mas foi simplesmente um ajuste competentemente realizado e bem-sucedido. Ao mesmo tempo, adotaram políticas desenvolvimentistas, principalmente a nacionalização e estatização das empresas de telefonia e das empresas de energia elétrica estrangeiras. A partir daí a Telebras e as empresas de energia elétrica (que seriam reunidas na Eletrobras em 1972) puderam aumentar seus preços (que para as empresas estrangeiras estavam limitados por um teto no retorno sobre o investimento), realizar lucros elevados e, com eles, financiar um grande avanço nas duas áreas. E mantiveram as políticas desenvolvimentistas de Vargas, valendo aqui lembrar apenas uma: a política de apoio à ciência que viria com a regulação dos cursos de pós-graduação, o fortalecimento das agências de fomento como o CNPq e a Fapesp, e a criação da Finep para financiar o desenvolvimento tecnológico. Essas diretrizes foram transformadas em realidade. Não é aqui o momento para examiná-las uma a uma. O investimento na infraestrutura e na indústria de base foi uma preocupação central do governo Vargas. Nos seus primeiros 15 anos, a realização mais importante foi a instalação de uma indústria siderúrgica nacional na cidade de Volta Redonda — resultado de um acordo logrado por Vargas com os Estados Unidos para o Brasil entrar na Segunda Guerra Mundial. No seu segundo governo (1950-54), temos a criação, entre outras, da Petrobras e da Eletrobras. No financiamento dos investimentos, a grande realização foi a criação em 1952 de uma instituição financeira que desempenharia um papel estratégico no desenvolvimento do país, o BNDE.

A política de proteção da indústria nacional e o consequente modelo de substituição de importações foram importantes para a Revolução Capitalista brasileira. Os liberais, que desde a segunda parte dos anos 1950 perderam importância no Brasil devido ao grande êxito da industrialização, insistiam em acusar os dirigentes econômicos de protecionistas, tinham até certo ponto razão no que afirmavam, mas não havia muita razão para ouvi-los. O fato objetivo era que os controles administrativos de importação e as altas tarifas sobre a importação de bens manufaturados estavam sendo muito bem-sucedidos em desenvolver o país. Para justificar sua política, os dirigentes econômicos tinham o argumento clássico da indústria infante aos quais foram acrescentados os argumentos de Prebisch. Não creio que os dirigentes econômicos tenham tido conhecimento do argumento de Kaldor.

Faltou, entretanto, aos desenvolvimentistas clássicos um sexto e fundamental argumento, um argumento específico para as altas tarifas como já o era o da indústria infante. As tarifas muito elevadas eram uma maneira de *neutralizar* a doença holandesa em relação ao mercado interno. O modelo novo-desenvolvimentista mostra que empresas industriais que usam tecnologia no estado da arte mundial não são competitivas porque a taxa de câmbio do país não é determinada pela oferta e a procura da moeda estrangeira tendo como referência seu custo de produção (que define o equilíbrio industrial), mas em função do custo de produção das empresas exportadoras de *commodities* (que se beneficiam de rendas ricardianas e/ou de *booms* de *commodities*) e do preço internacional dessas *commodities* (que definem o equilíbrio corrente). Logo, se o equilíbrio corrente do país estiver em torno de R$ 3,20 por dólar e o equilíbrio industrial, R$ 4,0 por dólar, um imposto de importação de 20% sobre o preço do bem industrial importado fará com que a taxa de câmbio para o importador seja igual ao equilíbrio industrial, ficando assim neutralizada a doença holandesa para efeito de mercado interno.

Os dirigentes econômicos brasileiros não sabiam disso, mas como aconteceu em um sem-número de países que também sofrem de doença holandesa, eles a neutralizaram usando intuitiva e pragmaticamente tarifas aduaneiras sobre a importação de manufaturados. E usaram também sistemas formais de taxas múltiplas de câmbio para obter o mesmo resultado. Em 1967, porém, com a chegada de Antônio Delfim Neto ao Ministério da Fazenda, a estratégia desenvolvimentista clássica dá um grande avanço: o estabelecimento de um subsídio na exportação de manufaturados do mesmo nível da tarifa média de importação (45,0%) neutraliza a doença holandesa brasileira com sobra e o país deixa de ser um mero substituidor de importações para ser também um exportador de manufaturados. Houve, portanto, uma mudança fundamental na estratégia de desenvolvimento. Tanto a tarifa média como o subsídio eram elevados demais; neutralizavam com folga a doença holandesa e continuavam, portanto, a conter um elemento de puro protecionismo. Mas esse pecado é secundário. O importante foi o notável êxito da política. Em 1965, as exportações de manufaturados representavam apenas 6% da exportação total brasileira; 25 anos depois, em 1990, significativamente, elas representavam 62% das exportações totais! Nesse período o Brasil cresceu fortemente e se tornou um respeitável exportador de bens manufaturados. Significativamente porque 1990 foi o ano do pico da participação dos manufaturados nas exportações, não por acaso, porque foi nesse ano que o país, sem perceber que a neutralização da doença holandesa estava embutida no seu sistema comercial, abriu de maneira irresponsável a economia brasileira e desencadeou uma grande onda de desindustrialização.

GRÁFICO 5
Participação da indústria de transformação
no PIB — 1947 a 2015

Fonte: Ipeadata.
Obs.: entre 1947 e 1999, Instituto Brasileiro de Geografia e Estatística, Sistema de Contas Nacionais Referência 2000 (IBGE/SCN 2000 Anual), e para 2000 a 2015, Sistema de Contas Nacionais Referência 2010 (IBGE/SCN 2010 Anual).

O gráfico 5 mostra a impressionante desindustrialização por que passou o Brasil desde os anos 1980. Nessa década ela é consequência da grande crise financeira — a Crise da Dívida Externa — e de alta inflação inercial que se segue. Em 1990, temos a abertura comercial e a desmontagem do mecanismo que neutralizava a doença holandesa, e temos uma forte onda de desindustrialização. A segunda onda de desindustrialização ocorre a partir de 2009, em consequência de a taxa — no ciclo cambial 2002-14 — ter-se tornado muito apreciada. A consequência direta da desindustrialização foi o baixo crescimento e o Brasil ter ficado consistentemente para trás desde 1980. Conforme verificaram José Luis Oreiro e colaboradores (2017), a taxa baixa de crescimento desde 1980 está diretamente associada à desindustrialização.

Por que os desenvolvimentistas clássicos usaram tarifas de importação e subsídios de exportação para neutralizar a doença holandesa em vez de desvalorizar a moeda nacional? A resposta a essa pergunta não é, simplesmente, porque não sabiam o que era a doença holandesa nem como neutralizá-la. Também por duas razões correlacionadas: primeiro, porque seria impossível manter desvalorizada a moeda dada a pressão de oferta no mercado originada nas *commodities* que podiam ser exportadas com lucro a uma taxa de câmbio bem mais valorizada; segundo, porque, enquanto a moeda nacional permanecesse depreciada, as exportações de *commodities* realizariam lucros extraordinários e se fortaleceriam — algo que não interessava aos empresários industriais e aos economistas desenvolvimentistas clássicos. Essas duas razões não estavam claras para eles, mas eles intuíam que os elevados lucros dos exportadores de *commodities*, que resultariam da depreciação, aumentariam sua oferta e acabariam por voltar a apreciar a moeda.[12]

---

[12] Sobre a resistência dos desenvolvimentistas clássicos a usar o câmbio em vez das tarifas para garantir condições de igualdade na competição para os países exportadores de *commodities*, ver Bresser-Pereira e Rugitsky (2017).

## Educação, reforma agrária e "poupança externa"

Nos 50 anos da Revolução Capitalista brasileira nem tudo foram rosas; houve erros importantes, a maioria dos quais não decorreu do desvirtuamento da política desenvolvimentista, mas das limitações impostas pelos interesses das elites econômicas brasileiras. Três políticas que foram importantes nos outros países que se industrializaram e que deixaram de ser adotadas no Brasil: uma grande política de educação básica, uma reforma agrária e a rejeição da política de endividamento externo.

GRÁFICO 6
Taxa de analfabetismo das pessoas
de 15 anos de idade (1920-2010)

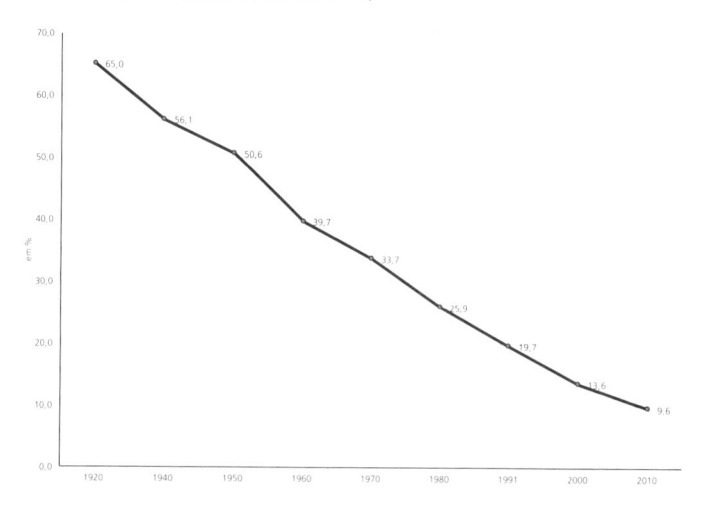

Fontes: Inep. Mapa do analfabetismo no Brasil. MEC, Brasil e Censo IBGE.

O papel do Estado no desenvolvimento capitalista é o de garantir as condições gerais para a acumulação de capital. Entre essas condições, a mais importante em todos os países é a educação. No entanto, até a transição democrática de 1985, os investimentos do Estado brasileiro na educação básica foram muito pequenos. O fator diretamente determinante do crescimento é o investimento, mas este só resultará em aumento da produtividade se a mão de obra que é necessária para operar as máquinas e coordenar a produção estiver disponível. Todos os países que se desenvolveram rapidamente deram prioridade à educação — a radical extinção do analfabetismo. Não foi assim no Brasil. O desempenho do Estado e das elites brasileiras em relação à educação foi lamentável. As elites oligárquicas pré-1930, assim como as elites modernas a partir de então, foram omissas em relação à educação básica de toda a população. Interessaram-se, apenas, em assegurar a educação para si mesmas — para os filhos das famílias ricas e da classe média. Desde o final do século XIX, em cada cidade razoavelmente importante do país, onde houvesse uma classe média, o Estado criava algumas escolas destinadas a educar seus filhos. Foi só a partir de 1930, quando a industrialização ganha *momentum*, que os estados mais ricos começaram a criar escolas para a massa da população. Nos países do Leste da Ásia, tomando-se como ponto de partida o início da industrialização, em 30 anos praticamente 100% da população estava alfabetizada. Aqui, tomando-se 1930 como o início da industrialização, em 1960 toda a população brasileira deveria estar alfabetizada. Ledo engano, em 1960 o índice de analfabetismo era ainda 39,7% (gráfico 6). Foi só a partir da transição democrática de 1985 e a garantia do sufrágio universal em emenda constitucional de 1986 que o problema da educação fundamental começou realmente a ser enfrentado. Em 2016, a taxa de analfabetismo era ainda de 7,2% da população, mas 99,2% das crianças entre seis e 14 anos estavam na escola; para a faixa de 15 a 17 anos, a taxa de escolarização está em 87,9%, e para os jovens de 18 a 24 anos, apenas 32,8% estão na escola.[13]

---

[13] PNAD contínua 2016, atualizado em 21/12/2017.

Como explicar esse descaso pela educação do povo brasileiro? Eu vejo uma explicação geral para isso: o preconceito social e racial da elite branca ou branqueada contra a massa da população brasileira que é negra ou mestiça; o desprezo com o qual a elite branca olha para seus concidadãos. Esse desprezo está assinalado de maneira clara e incisiva pelo sociólogo Jessé Souza em suas pesquisas e análise da sociedade brasileira (Souza, 2017). As elites brancas de classe alta e de classe média tradicional mal escondem seu desapreço pelo terço mais pobre e excluído da população, pela massa de negros e mestiços que ainda não lograram superar a condição de escravos não obstante a abolição da escravidão de 1888, pelos brasileiros que Jessé chama provocativamente de "ralé" porque assim eles são tratados. O recente interesse das elites brasileiras pela educação fundamental não decorreu da mudança de sua atitude em relação às classes populares, mas decorreu da conquista por elas do sufrágio universal em 1986. Desde então o "povão" tem o poder de eleger o presidente da República, viu em Lula o líder carismático capaz de defendê-lo, surgiu o fenômeno que André Singer chamou de "lulismo", e a elite percebeu que não pode continuar a ignorá-lo.

Nada, realmente, é mais importante para o desenvolvimento do que a educação. É um equívoco, porém, tentar explicar a quase-estagnação da economia brasileira com a educação, porque não é um fato novo. O problema quantitativo foi resolvido, mas a qualidade da educação brasileira continua ruim. É um problema antigo, não é um fato histórico novo que possa explicar por que, depois de 50 anos de crescimento acelerado, a economia brasileira parou. Além disso, não há solução imediata para ele. O desempenho das crianças brasileiras é muito fraco, e não poderia ser de outra maneira não apenas porque seu estudo não é em tempo integral, e porque seus professores são malformados e mal pagos, mas também porque seu "currículo familiar", aquilo que eles aprendem na sua família, formada de pais e avós semianalfabetos, é muito pouco. Em relatório recente, o Banco Mundial afirmou que, "embora as habilidades dos brasileiros de 15 anos tenham melhorado, no ritmo atual de avanço eles não atingirão a nota média dos países ricos em matemática por 75 anos". Desde a transição democrática, o Brasil está fazendo, pela primeira vez na sua história, um grande esforço pela educação. Dobrou o orçamento público destinado à educação entre 1985 e 2016. Mas há ainda muito por realizar.

O segundo grande erro foi o Brasil não ter realizado uma reforma agrária. Um erro que não reflete apenas o poder político dos proprietários de terra e o custo de uma reforma. Reflete também a falta de poder político e o baixo nível educacional dos sem-terra. E o erro dos defensores da reforma agrária quando declaravam que sem reforma agrária a industrialização seria impossível, como seria impossível o desenvolvimento de uma agricultura moderna. Nos anos 1950, quando nós defendíamos a reforma agrária, estávamos enganados em relação a estes dois últimos pontos. Como Inácio Rangel percebeu com clareza naquela época, a industrialização não apenas foi possível, mas inviabilizou a luta pela reforma agrária do ponto de vista do desenvolvimento econômico. E o desenvolvimento enorme da agricultura e da pecuária moderna, beneficiárias das pesquisas realizadas pela Embrapa, usando a tecnologia mais moderna e alcançando altos níveis de produtividade, também negou o argumento econômico para a reforma agrária. Mas, ao contrário do que muitos previram, a produção agrícola não foi monopolizada por grandes empresas. Como os economistas mais competentes na área supunham nos anos 1960, o desenvolvimento agrícola vem sendo realizado por empresas familiares altamente tecnificadas utilizando extensa mecanização.

Por outro lado, a experiência de reforma agrária no Brasil acabou sendo frustrante, porque se revelou cara, e porque poucos assentamentos se revelaram realmente bem-sucedidos dado o baixo nível de educação e preparo técnico dos assentados. Na verdade, o que foi ficando claro através do tempo foi que a reforma agrária é necessária do ponto de vista social, da diminuição da desigualdade. Os grandes movimentos sociais de sem-terra que surgiram no Brasil defendem a reforma a partir, fundamentalmente, dessa perspectiva. Valendo lembrar que o problema da desigualdade no Brasil não é um problema apenas social; é também um problema econômico de longo prazo, porque promover o desenvolvimento econômico no quadro de uma sociedade que abandona os pobres e os excluídos à sua própria sorte é impossível. O desenvolvimento capitalista geralmente implica, nos seus primeiros anos, aumento da desigualdade, mas há um limite para isso. Não apenas por um problema de demanda, por falta de demanda de consumo, mas principalmente porque trabalhadores eficientes devem ser trabalhadores respeitados ou reconhecidos, e porque uma nação só é coesa e forte quando, além do espaço para o conflito, existe o espaço para a construção solidária de um projeto nacional.

Finalmente, o terceiro erro — a política econômica equivocada que afinal levou a estratégia desenvolvimentista clássica à crise dos anos 1980 e a sua substituição por um regime de política econômica liberal — foi a política de crescimento com "poupança externa", o eufemismo para designar déficit em conta-corrente e o consequente financiamento externo, inclusive o financiamento via investimentos diretos das empresas multinacionais. Uma tese central do novo desenvolvimentismo é que a política de crescimento com endividamento externo, que praticamente todos os países em desenvolvimento adotam, é contraproducente — é causa de taxas baixas de investimento e de crescimento, e, afinal, costuma levar o país à crise financeira (Oreiro e Rocha, 2013). Isso não é verdade apenas quando o país já está crescendo muito rapidamente e a propensão marginal a consumir tenha caído (ou propensão marginal a investir tenha aumentado) porque as expectativas de lucro tornaram-se muito favoráveis. Não estando presente essa condição, que é satisfeita apenas em raros momentos (nos Estados Unidos nos anos 1890, no Brasil no "milagre" 1968-73, na Coreia do Sul nos anos 1970), o consumo será estimulado, o investimento, desestimulado, os dois fatos resultando em uma alta taxa de substituição da poupança interna, de forma que o endividamento externo acaba por financiar consumo, não investimento.

Até os anos 1960 este fato não constituiu um problema porque, desde a moratória de 1930, o Brasil e demais países em desenvolvimento não tinham acesso ao financiamento externo dos investimentos, à exceção do Banco Mundial e do Banco Interamericano de Desenvolvimento. Mas nos anos 1970, porque a moratória dos países em desenvolvimento de 1930 estava longe, quase esquecida no passado, e porque sobraram dólares nos mercados financeiros internacionais (mais especificamente "eurodólares" — os dólares derivados dos grandes saldos em conta-corrente dos países exportadores de petróleo depois do primeiro choque do petróleo, de 1973), os bancos privados internacionais reabriram seu crédito de longo prazo para os países em desenvolvimento. O resultado foi desastroso, porque, com a elevação da taxa de juros internacional em 1979, os países endividados em moeda forte perderam capacidade de pagar sua dívida, e a grande crise da dívida externa dos anos 1980 manteve a economia brasileira rigorosamente estagnada nessa década. Essa crise financeira teve grandes proporções, atingiu a maioria dos países em desenvolvimento, e, no Brasil, foi acompanhada por uma alta inflação inercial, que decorreu, em grande parte, de o regime militar haver indexado formalmente os financiamentos internos desde 1964 por meio da política de "correção monetária". Foi uma crise que o regime militar não logrou superar nos seus últimos cinco anos (1980-84), como também não o logrou o novo regime social e desenvolvimentista do primeiro governo democrático e populista, o governo Sarney (1985-89). Assim, a partir de 1990, sob pressão do liberalismo financeiro-rentista que se tornara dominante no Norte e das elites locais rentistas e financistas, o país voltou a ter um regime de política econômica liberal. Que foi efetivo em terminar com a alta inflação inercial em 1994, mas por meio de um plano de estabilização heterodoxo, baseado na teoria da inflação inercial, que eu ajudara a formular na década anterior (Bresser-Pereira, 2012). Em seguida, porém, e como era de se esperar, o regime liberal também não logrou retomar o desenvolvimento econômico, e a economia brasileira, que estagnara nos anos 1980, entrou em regime de quase-estagnação desde 1990. Veremos por que no próximo capítulo.

CAPÍTULO 4

# A quase-estagnação liberal desde 1990

Em torno de 1980, sob a liderança dos Estados Unidos e do Reino Unido, os países ricos abandonaram a estratégia desenvolvimentista dos Anos Dourados do Capitalismo e do sistema internacional de Bretton Woods, e mergulharam em um regime de política econômica neoliberal. Cerca de 10 anos mais tarde, os países em desenvolvimento, fragilizados pela grande crise financeira da dívida externa e sob forte pressão dos Estados Unidos, embarcaram também nas reformas neoliberais. A pressão para que as reformas nesses países fossem mais fortes porque seus regimes envolviam uma intervenção do Estado maior do que aquela que existia nos países ricos. Os anos 1990 foram os anos das reformas liberais nos países em desenvolvimento, exceto, naturalmente, nos países realmente autônomos do ponto de vista nacional, como a China e a Índia, e de países menores, mas ainda relativamente autônomos, do Leste e do Sudeste da Ásia, que, embora realizando algumas reformas, conservaram sua estratégia desenvolvimentista. Dez anos mais tarde, na virada do século, ficou patente que as reformas neoliberais e a política de crescimento com endividamento externo haviam fracassado: não haviam produzido nem estabilidade, nem crescimento. Fracassaram não devido ao populismo fiscal dos governantes, como sempre explica a ortodoxia liberal, mas ao absurdo das reformas neoliberais. Essas reformas levaram à crise de balanço de pagamentos os quatro países asiáticos (Coreia do Sul, Indonésia, Malásia e Tailândia) que haviam mantido suas contas fiscais sob total controle, mas haviam incidido em elevados déficits em conta-corrente.

## Trinta anos de regime liberal

Desde 1990 é dominante no Brasil um regime de política econômica liberal. Em 1985, ocorreu a transição democrática. Como acontecera com o último governo militar, o novo governo democrático e populista de José Sarney (1985-89) também fracassou em controlar a inflação e resolver o problema da dívida externa. Assim, depois de 10 anos de crise da dívida externa e de alta inflação, foi eleito um novo presidente, Fernando Collor de Mello (1990-92), que aceitou sem discussão as principais recomendações do Consenso de Washington. Desta forma, depois de 60 anos de política econômica autônoma, o Brasil curvou-se à nova ortodoxia ou "verdade indiscutível", o neoliberalismo, que havia se tornado dominante no Norte e há 10 anos exerce forte influência nas elites financeiro-rentistas brasileiras. O poder do Norte imperial e sua determinação de converter os países em desenvolvimento para a nova doutrina eram muito fortes, e as elites econômicas brasileiras, que haviam sido dominantemente desenvolvimentistas até os anos 1980, ficaram sem argumentos e curvaram-se ao neoliberalismo. Ainda em 1990 foi realizada a abertura comercial e, em dezembro de 1991, a abertura financeira, sob orientação do FMI. O resultado, como veremos adiante — principalmente da abertura comercial —, que levou de embrulho o mecanismo de neutralização da doença holandesa — foi uma primeira grande onda de desindustrialização.

**GRÁFICO 7**
Conta de transações correntes do balanço de pagamentos e investimento direto estrangeiro — acumulado em 12 meses em % do PIB

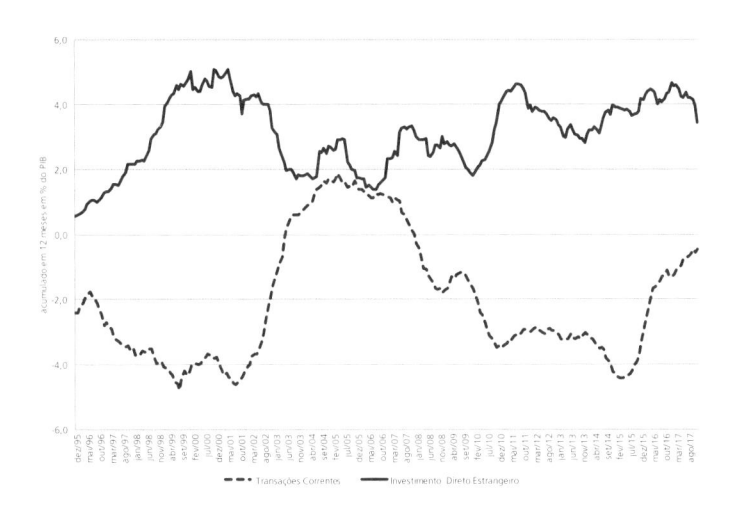

Fonte: Bacen.

Em 1993 o Brasil resolveu seu problema da dívida externa fazendo o acordo previsto no Plano Brady (1989) cujas bases eu formulara 18 meses antes como ministro da Fazenda.[14] Em 1994, no governo Itamar Franco (1992-94), tendo Fernando Henrique Cardoso como ministro da Fazenda, o Brasil afinal estabilizou a alta inflação inercial (indexada) que assolava o país há 14 anos. Estabilizou-a por meio de um plano de esta-

---

[14] Sobre a contribuição do Brasil à solução da dívida externa, ver Bresser--Pereira (1999).

bilização heterodoxo — o Plano Real — baseado na teoria da inflação inercial que ajudei a formular no início dos anos 1980 (Bresser-Pereira, 2010), que garantiu a Fernando Henrique a eleição para a presidência. Nos anos seguintes o governo Cardoso (1995-2002) continuou a instalação do regime de política econômica liberal, interrompida no governo anterior, e adotou a política de crescimento com endividamento externo, ou seja, a política de incorrer em déficits em conta-corrente financiados com o investimento direto estrangeiro (gráfico 7). Em 1995, foram extintos os monopólios nacionais nos serviços públicos de infraestrutura previstos na Constituição de 1988 e foi dela retirado o dispositivo que dava preferência às empresas nacionais nas compras do Estado. Finalmente, em 1999, depois de uma grande crise financeira originada da política de crescimento com endividamento externo que o novo governo adotara e na qual pusera todas as suas esperanças, o governo decidiu deixar flutuar o câmbio, abandonando, assim, o regime de minidesvalorizações que fora razoavelmente bem-sucedido desde 1964, e decidiu adotar formalmente o regime de metas de inflação. O governo aproveitou essas duas mudanças para anunciar o "tripé macroeconômico" (superávit primário, câmbio flutuante e meta de inflação) que os economistas liberais passaram a propagar como se fosse a maravilha do século. Na verdade, de maravilha não havia nada na nova política. Estava certa ao defender um resultado fiscal primário que permitisse a estabilização e a redução da dívida pública, e o governo respeitou a meta fiscal, mas a meta de inflação foi essencialmente uma desculpa ou uma justificação para taxas de juros muito altas, e o câmbio flutuante, também uma desculpa ou justificação para uma taxa de câmbio apreciada no longo prazo que inviabilizou a indústria brasileira. Sem grande surpresa, em 2002, nova crise financeira, mas é preciso assinalar que contribuiu para ela o "medo de Lula" — uma reação irracional do mercado financeiro à eleição de Lula na medida em que no segundo semestre desse ano ela ia se tornando cada vez mais provável.

GRÁFICO 8
Número de pessoas em domicílios com renda domiciliar *per capita* inferior à linha de pobreza

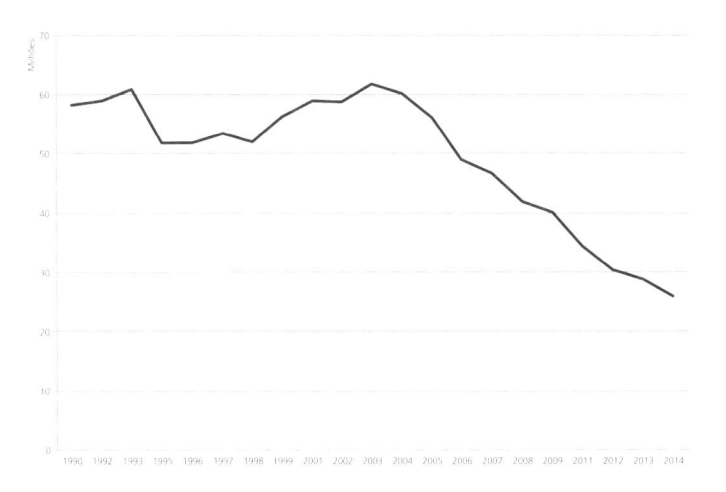

Fonte: Ipeadata. A linha de pobreza aqui considerada é o dobro da linha de extrema pobreza, uma estimativa do valor de uma cesta de alimentos com o mínimo de calorias necessárias para suprir adequadamente uma pessoa, com base em recomendações da FAO e da OMS. Série calculada a partir das respostas à Pesquisa Nacional por Amostra de Domicílios (Pnad/IBGE).

Em 2002 Luiz Inácio Lula da Silva, um político de centro--esquerda, supostamente desenvolvimentista, foi eleito, mas nos oito anos do seu governo (2003-10) o regime de política econômica continuou liberal. Ele introduziu mudanças: comprometido com a diminuição da desigualdade, aproveitou o *boom* de *commodities* para aumentar em termos reais o salário mínimo em 63% — um salário que estava muito defasado, havendo espaço para o aumento; interrompeu o processo de privatizações; e, como Fernando Henrique decidira que sua principal estratégia de desenvolvimento seria o crescimento com poupança externa, decidiu que sua estratégia de crescimento seria uma política industrial. O aumento do salário mínimo não representou ameaça à taxa de lucro das empresas e teve um efeito distributivo significativo, ao tirar, conjuntamente com a Bolsa Família, milhões de famílias da pobreza, como indica o gráfico 8.

GRÁFICO 9
Índice da taxa de câmbio efetiva real (jan. 1995 a dez. 2917)

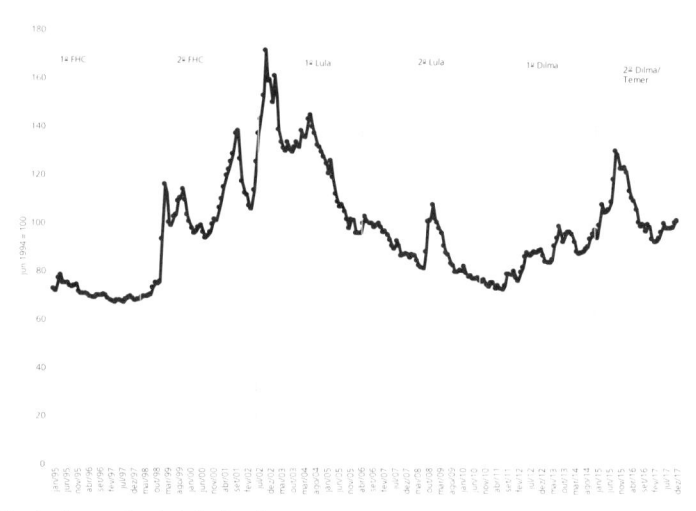

Fonte: Banco Central do Brasil.
Obs.: corrigido pelo IPCA. Base 100 em jun. 1994.

Nada foi mudado em relação à abertura comercial. Em relação à abertura financeira, foi introduzido um tímido controle de capitais. Conforme ocorrera no segundo governo Cardoso, a meta de superávit primário foi cumprida nos dois governos Lula; houve apenas uma oportuna expansão fiscal contracíclica em 2009. Mas a taxa de juros foi mantida em um nível astronômico, como indica o gráfico 11 mais à frente, sem nenhuma boa razão a não ser os interesses do capital financeiro-rentista que assim continuou a se apropriar do patrimônio público. A moeda, por sua vez, que se depreciara fortemente nas crises financeiras de 1999 e 2002, voltou a se valorizar entre 2003 e 2007, e nos sete anos seguintes se manteve em um nível muito apreciado, até que, em 2014, nova crise financeira e nova forte depreciação encerraram o ciclo. Como se pode ver pelo gráfico 9, confirmou-se, assim, a tendência à sobreapreciação cíclica e crônica da taxa de câmbio que a teoria novo-desenvolvimentista prevê.

GRÁFICO 10
Exportações brasileiras por fator agregado:
1990-2015 em US$ milhões

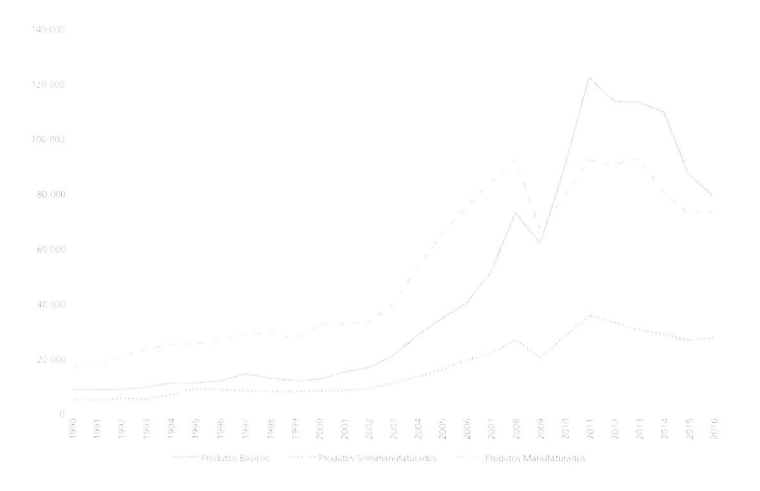

No período de 2007 a 2014, tomando como referência preços de dezembro de 2016, o equilíbrio industrial subiu de R$ 3,80 por dólar em 2003, para R$ 4,00 por dólar em 2014. Essa elevação refletiu o aumento dos salários reais acima da produtividade ocorrida no período, ou, mais precisamente, o aumento do índice do custo unitário do trabalho no Brasil em comparação com uma cesta de países. O equilíbrio corrente esteve em torno de R$ 3,20 por dólar, apenas subindo brevemente para cerca de R$ 3,80 por dólar quando em 2014 os preços das principais *commodities* exportadas pelo Brasil caiu fortemente quase zerando a doença holandesa. Enquanto isso, a taxa de câmbio real, que se tornara altamente depreciada com a crise financeira de 2002, confirmou a tendência à sobreapreciação cíclica e crônica da taxa de câmbio. Ela voltou a se apreciar a partir de 2003, puxada pela doença holandesa não neutralizada e pela taxa de juros muito alta. A partir de 2003 o país experimentou superávit em conta-corrente que se manteve até 2007, quando, afinal, a taxa de câmbio real se estabilizou relativamente em torno de R$ 2,80 por dólar, a preços de dezembro de 2016, descontadas a breve desvalorização causada pela crise financeira global de 2008, provocando nova onda de desindustrialização, e uma forte apreciação em 2010. Entre 2007 e 2014, a moeda nacional permaneceu altamente apreciada, passando a se depreciar em 2014, quando nova crise financeira estava em curso.

Já no plano fiscal, o governo Lula foi responsável. Só aumentou fortemente a despesa pública em 2009, de forma contracíclica, para fazer frente à crise financeira global de 2008. Em seu governo, não obstante o populismo cambial, a economia cresceu quase o dobro do que crescera no governo anterior. Esse bom desempenho deveu-se, principalmente, a um forte aumento do preço das *commodities* exportadas pelo Brasil, que multiplicaram suas exportações totais por 2,84 vezes, com destaque para os manufaturados, conforme indica o gráfico 10. No plano internacional, Lula desenvolveu brilhante política externa independente apoiado no seu ministro Celso Amorim; em 2010, o PIB cresceu 7,5%. Ele terminou o governo triunfante, elegendo seu sucessor.

Nos quatro anos seguintes, a presidente Dilma Rousseff (2011-16) tentou voltar ao regime desenvolvimentista de política econômica ao decidir, em agosto de 2011, baixar fortemente a taxa de juros. Havia algum espaço para isso porque o risco Brasil havia baixado muito, mas a presidente deixou-se levar pelo populismo fiscal. Como não fez o ajuste fiscal enquanto baixava os juros, a taxa de câmbio depreciou-se 20%, mas a inflação aumentou, os economistas liberais que haviam ficado calados no governo Lula recobraram a fala, criticaram, e o governo acabou voltando atrás. A presidente havia recebido de Lula uma terrível herança: a preços de dezembro de 2016, uma taxa de câmbio de R$ 2,20 por dólar quando a taxa de câmbio de equilíbrio industrial estava em torno de R$ 3,80, de forma que sua missão era praticamente impossível.[15] Em 2011, havia espaço para a redução da taxa de juros, porque o risco Brasil havia caído muito durante o governo Lula, conforme podemos ver pelo gráfico 11. A redução da taxa básica de juros, a Selic, executada a partir de julho de 2011, levou a taxa de juros reais para apenas 2% em termos reais e, em consequência, a taxa de câmbio depreciou-se 20%. A depreciação era muito inferior ao que era necessário para tornar a moeda competitiva e levar a indústria novamente a investir. Por isso, a taxa de crescimento que caíra em 2011 não voltou a subir em 2012. A depreciação, porém, foi suficientemente grande para causar um pequeno aumento da inflação. A redução da taxa de juros, a depreciação da moeda e o aumento da inflação deixaram indignadas as elites financeiro-rentistas e a classe média tradicional, onde os rentistas são numerosos. Os rentistas, beneficiados desde 1964 e, particularmente, desde 1994, acreditam ter "direito" a uma taxa de juros real elevada.

[15] Hoje o equilíbrio industrial está em torno de R$ 4,00 por dólar devido ao aumento do custo unitário do trabalho (salário dividido por produtividade) que ocorreu entre 2011 e 2014.

As elites financeiro-rentistas haviam sido muito bem tratadas nos dois governos anteriores. Agora eram atacadas no que era mais sagrado para elas: os juros que o Estado lhes paga — a taxa básica de juros que, no Brasil, remunera não apenas as reservas dos bancos, mas também os títulos do Tesouro de longo prazo. Em julho de 2012 voltou novamente a aumentar a taxa de juros, enquanto o real permanecia, entre 2007 e 2014, em torno de R$ 2,80 por dólar a preços de dezembro de 2016, contra um equilíbrio industrial que subia de R$ 3,80 para R$ 4,00. Inconformada com o baixo crescimento, em 2013, a presidente cometeu seu maior erro. As três políticas industriais adotadas no início dos três governos do PT haviam fracassado, não obstante tenham sido formuladas de forma competente. Fracassaram porque não compensavam nem podem compensar a taxa de juros elevada e a taxa de câmbio apreciada. Em 2013, ela decidiu ampliar a "política industrial" de desoneração de impostos, realizando ampla desoneração dos impostos sobre a folha de pagamento das empresas. As desonerações fiscais, que estavam em torno de R$ 20 bilhões em meados dos anos 2000, e já somavam R$ 68 bilhões em 2010, alcançam R$ 158 bilhões em 2015. Dessa maneira, Dilma terminava seu primeiro governo com uma crise fiscal.

Mas terminou também com uma crise econômica. Em 2014, tendo como gatilho a queda dos preços das *commodities*, o país entra em grave recessão, que só ficará conhecida no final do ano. Reeleita em outubro, mas já sem apoio nas classes dirigentes, em janeiro de 2015 Dilma Rousseff nomeia ministro da Fazenda um economista ortodoxo, Joaquim Levy, que realiza uma política de ajuste fiscal procíclica, reduzindo fortemente os investimentos públicos e, assim, agravando a recessão. Assim, ela voltou pela segunda vez à ortodoxia liberal (a primeira fora voltar a aumentar os juros). Em 2016, ela sofre o *impeachment*, um golpe parlamentar justificado formalmente por irregularidades fiscais sem importância, as chamadas "pedaladas", mas que resultou (a) do fracasso econômico e inabilidade política do governo Dilma, (b) da oportunidade vista por um bando de políticos oportunistas liderados pelo vice-presidente de assumir a presidência, e (c) da oportunidade vista pelas elites financeiro-rentistas, que se beneficiam de altos juros sobre a dívida pública desde o Plano Real, a voltarem a ter o comando direto do Estado que tiveram entre 1990 e 2002. Na verdade, houve a partir do primeiro governo Lula uma parceria entre o capitalismo financeiro-rentista e um partido de centro-esquerda — algo comum nas democracias dos países ricos que se tornaram consolidadas assim que o respectivo país completou sua Revolução Industrial e Capitalista (Bresser-Pereira, 2011). Tornam-se consolidadas porque a apropriação do excedente deixa de depender do controle direto do Estado pela oligarquia, como acontecia nas sociedades pré-capitalistas, ao passar a ocorrer no mercado por meio da realização de lucros. Como o Brasil completou essa revolução em torno de 1980, eu supus que a democracia estaria aqui também consolidada. Mas isso não é inteiramente verdade porque a apropriação do patrimônio público realizada pelas elites financeiro-rentistas por meio dos altos juros pagos pela dívida pública é uma "conquista" à qual é difícil renunciar. Não deixa, assim, de ser curioso senão paradoxal que, diante da recessão que reduziu o PIB *per capita* em 9% em três anos, o banco central do governo neoliberal que resultou do golpe parlamentar não tenha tido alternativa de baixar os juros. Desencadeada a recessão, com o aumento do desemprego a taxa de inflação começou a cair; o Banco Central do Brasil, porém, demorou em baixar correspondentemente os juros, mas afinal, quando a inflação em 2017 reduziu-se fortemente e a inflação desse ano foi de apenas 2,95%, o banco não teve alternativa senão baixar a Selic para um juro real de 3% ao ano.

## As causas da quase-estagnação

O Brasil cresceu aceleradamente entre 1930 e 1980, a uma taxa *per capita* de 3,8% ao ano. Por que, a partir de então, a economia brasileira está quase-estagnada? Nós sabemos que ela esteve estagnada nos anos 1980 porque o país enfrentou a grande crise da dívida externa e porque experimentou 14 anos de alta inflação inercial. Poucos sabem, porém, que essa crise seria muito menor se o presidente Geisel houvesse se conformado com o primeiro choque do petróleo (1973) e a crise que causou no mundo rico, e tivesse aceitado um crescimento menor. Ao invés, decidiu crescer com endividamento externo, de forma que o Brasil, diferentemente da Índia ou da Colômbia, foi atingido em cheio pela alta da taxa de juros nos Estados Unidos em 1979 e pela crise da dívida externa.

Por que a economia brasileira permaneceu quase-estagnada desde 1994, quando já estava resolvido o problema do endividamento externo e se resolveu o problema da alta inflação? Eu prefiro responder a essa pergunta tomando como base 1990 em vez de 1994, porque foi nesse ano que o Brasil mudou de uma estratégia desenvolvimentista para uma não estratégia, um mero regime de política econômica liberal. E as causas que vou enumerar para responder a essa pergunta serão necessariamente fatos históricos *novos*. Ainda que para o desenvolvimento econômico sejam muito importantes causas como a educação ou como boas instituições, não faz sentido usá-las para explicar o baixo crescimento depois de 1990 se em torno dessa época elas não sofreram uma deterioração muito grande. Já discutimos neste livro, por exemplo, que um dos grandes erros do governo no tempo da Revolução Capitalista brasileira foi não ter dado a devida importância à educação. Mas não faz sentido tentar explicar o mau desempenho da economia brasileira desde 1990 com um fator que, desde então, só tem melhorado.

O primeiro e mais geral fato histórico novo foi a substituição radical de regime de política econômica; foi a mudança da estratégia desenvolvimentista para a *não estratégia* liberal que examinei na última seção. Se, durante 50 dos 60 anos do regime de política econômica desenvolvimentista a economia brasileira cresceu de maneira extraordinária, como poderia ter continuado a crescer no mesmo ritmo ou em um ritmo semelhante ao ter passado a adotar instituições e políticas inversas? O resultado da substituição não poderia logicamente ser outro. Se durante 60 anos o regime desenvolvimentista foi altamente bem-sucedido, exceto na última década, como poderia ter bom êxito um regime oposto? Como poderia um regime de política econômica que esqueceu a ideia de nação, que não deu prioridade à industrialização, que não foi pragmático no seu desenvolvimentismo, mas principista no seu liberalismo, que deixou de neutralizar a doença holandesa, que permitiu que seu banco central praticasse taxas de juros muito altas ao mesmo tempo que se recusava a fazer uma política cambial, que deixou que capitais entrassem e saíssem do país a seu bel-prazer, como podia um regime como esse dar certo? Na medida em que um país se desenvolve, sua sociedade fica mais coesa, seu mercado fica mais forte, e o Estado pode diminuir sua intervenção na economia. Mas, mesmo nos países mais desenvolvidos, um regime de política econômica desenvolvimentista é superior a um regime liberal: garante mais estabilidade, menor desigualdade e taxas de crescimento maiores. O que dizer, então, dos países em desenvolvimento? O primeiro e principal fato histórico novo que interrompeu o desenvolvimento brasileiro foi a adoção impensada de um regime de política econômica liberal.

Um segundo fato histórico novo, determinante em boa parte do primeiro, foi a mudança de regime de política econômica no Norte; foi o abandono do fordismo em favor do neoliberalismo, foi o Consenso de Washington, ou seja, a decisão de seus dirigentes de espalhar a nova fé para os demais países como fizeram os cristãos europeus quando decidiram converter o resto de mundo. Agora o velho liberalismo econômico passava a contar com novos apoios "científicos"; além do apoio da microeconomia neoclássica do equilíbrio geral, contava agora com um modelo de crescimento neoclássico e uma macroeconomia neoclássica ou monetarista — coisas que não tinham quando a macroeconomia keynesiana e o desenvolvimentismo clássico se tornaram dominantes no pós-guerra. Ao mesmo tempo, com os rentistas substituindo os empresários na propriedade das empresas, e com os financistas assumindo a gestão de sua riqueza e a orientação do seu pensamento, o capitalismo se tornava financeiro-rentista e passava, decididamente, a servir apenas o 1% mais rico da população. Ao mesmo tempo, a social-democracia, incapaz de entender os novos tempos, ficava paralisada ou então aderia à nova ordem. Nos anos 1990, a hegemonia ideológica neoliberal torna-se total, e torna-se muito mais difícil para os países em desenvolvimento se manterem desenvolvimentistas. Até a Rússia, recém-saída do estatismo soviético, se submeteu então ao neoliberalismo e passou por uma decadência econômica e moral de grandes proporções. As elites econômicas, políticas e intelectuais dos países em desenvolvimento aceitam sem crítica as políticas e reformas que os países ricos os pressionam a adotar, ignorando os efeitos desestruturadores dos fluxos de capitais especulativos, das privatizações de serviços públicos monopolistas que atendem apenas aos interesses de rentistas nacionais e estrangeiros e de uma plêiade de assessores tecnoburocráticos que ganham honorários e comissões no processo. Aceitam a venda a bom preço de ativos nacionais fundamentais, de empresas monopolistas, e muitas delas podem financiar seu crescimento com seus próprios lucros. Aceitam reformas que privam os países em desenvolvimento de instituições e de políticas que foram fundamentais para o desenvolvimento dos países ricos quando eles estavam no mesmo estágio de desenvolvimento em que estão hoje os países em desenvolvimento.

GRÁFICO 11
Taxa de juros real e risco Brasil

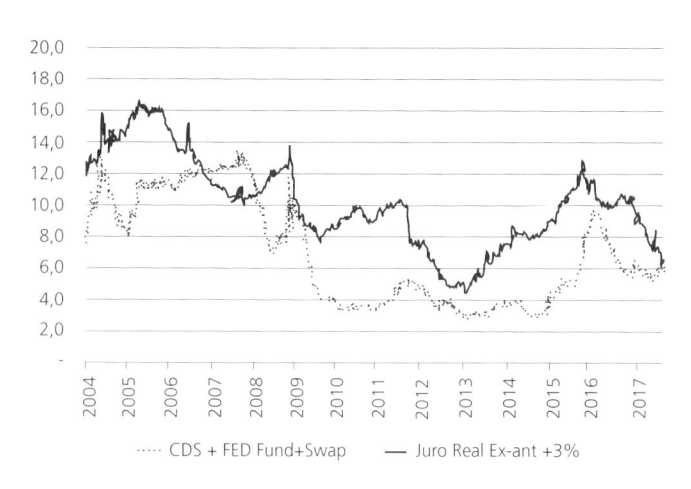

Fonte: Banco Central do Brasil e Blumberg.
Observação: o risco Brasil é medido pelos CDs + Fed Funds + Swaps. A taxa de juros real é medida pela taxa de juros pré um ano real *ex ante* + 3% de *spread* mínimo.

O terceiro fato histórico novo foi o aumento dos juros reais, que eram muito baixos senão negativos nos anos 1970 e passaram a ser altamente positivos a partir do Plano Real. Não conheço um estudo que explique por que a taxa de juros real passou a ser alta no Brasil. A taxa de juros Selic foi aumentada brutalmente no Plano Real, voltou a ser aumentada nas crises financeiras de 1998-99 e de 2002, e, a partir de então, vem baixando, mas muito lentamente a partir de então. O que me parece claro é que (a) a política de metas de inflação existente desde 1999 não justifica um nível de taxa de juros tão elevado (entendendo-se por "nível" o valor médio em torno do qual o Banco Central pratica sua política monetária); (b) existe evidentemente um grande interesse das elites rentistas e financistas em ter uma taxa real de juros elevada; (c) os *spreads* dos bancos comerciais são exorbitantes, e na crise recente eles aumentaram cerca de 50%. No gráfico 11, comparei o risco Brasil, que entendo ser a taxa que as melhores empresas deveriam ter para se financiar nos bancos, com a taxa de juros real mais 3 pontos percentuais de *spread*, que é a taxa mínima que essas empresas pagam.[16] O gráfico mostra com clareza como os juros reais no Brasil, mesmo para as melhores empresas, são altos em comparação com o risco Brasil. Ou seja, como são altos a Selic e os *spreads* bancários.

### GRÁFICO 12
Relação entre a taxa de câmbio real efetiva e a taxa de câmbio de equilíbrio industrial 1989-2017 (R$ por dólar)

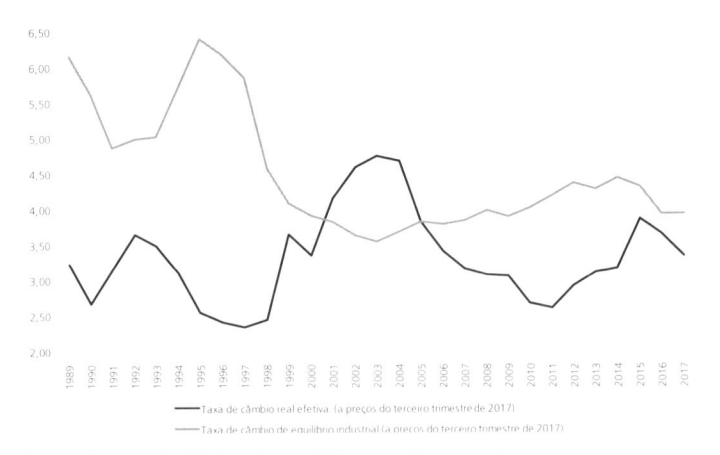

Fontes: Bacen e institutos de estatísticas de diversos países.
Observação: valores a preços do 3º trimestre de 2017; taxa de câmbio e equilíbrio industrial iguais em 2005 — ano recente em que a taxa de câmbio esteve equilibrada.

---

[16] Estes 3 pontos percentuais são uma estimativa conservadora. O *spread* pago pelas empresas classificadas como as mais merecedoras de crédito varia de 3 a 6 pontos percentuais.

O gráfico 12 mostra a forte apreciação do real entre o final de 1998 e 2002, quando ocorreram duas crises financeiras, uma taxa de câmbio muito apreciada e um equilíbrio industrial também em queda desde 1995. Entre 2003 e 2006, as duas taxas se aproximaram, significando que a taxa de câmbio se tornara equilibrada ou competitiva, mas, conforme prevê a tendência à sobreapreciação cíclica e crônica da taxa de câmbio, logo ela volta a se apreciar e permanecerá apreciada até a crise financeira de 2014. Adotamos o ano de 2005 como o momento em que a taxa de câmbio e o equilíbrio industrial se equilibram, porque nesse ano o país realizou um pequeno superávit em conta-corrente. Esse julgamento é razoável porque, como o Brasil tem doença holandesa moderada, sua taxa de câmbio só estará equilibrada ou competitiva quando corresponder a um pequeno superávit em conta-corrente. Vemos no gráfico um ciclo cambial pela metade (anterior a 2002) e um ciclo cambial completo (2002-14) definidos por uma crise financeira em cada um desses dois anos. Não vemos no gráfico a doença holandesa porque não temos uma estimativa do equilíbrio corrente nesses anos, mas o gráfico deixa claras as duas depreciações de fim de ciclo e o período de sete anos (segundo semestre de 2007 a primeiro semestre de 2014) no qual a taxa de câmbio se manteve altamente apreciada. Esse é o período no qual os investimentos na indústria caíram e a desindustrialização se acelerou, porque nele as empresas deixaram de ser competitivas mesmo sendo competentes do ponto de vista técnico e administrativo, e reduziram seus investimentos. É interessante observar nesse quadro como o equilíbrio industrial aumenta entre 2003 e 2014, quando alcança R$ 4,43 por dólar (a preços do terceiro trimestre de 2017), caindo em seguida para chegar em 2017 a R$ 3,91 por dólar. Isso aconteceu porque o índice comparativo do custo unitário do trabalho aumentou, ou seja, porque nesse período os salários aumentaram mais do que a produtividade no Brasil quando comparados com a variação dos salários e da produtividade dos outros países concorrentes com o Brasil que são levados em conta para medir a taxa efetiva de câmbio.

O quarto fato histórico novo — individualmente o mais importante — foi, em 1990, um resultado não previsto da abertura comercial: foi a desmontagem do *mecanismo* que neutralizava a doença holandesa, o qual estava embutido no sistema comercial brasileiro sem que seus economistas, inclusive eu, soubéssemos. O regime comercial no qual esse mecanismo estava embutido *parecia* muito protecionista; eu assim o entendi quando fui ministro da Fazenda, dois anos antes, e iniciei os preparativos da liberalização comercial. Estava equivocado. Havia um elemento protecionista na alta tarifa, mas seu papel essencial era neutralizar a doença holandesa no plano interno, enquanto o subsídio à exportação a neutralizava no plano externo. Eu estimo que metade da tarifa média de 45% que prevalecia antes da abertura comercial (que a reduziu para 12%) correspondia aproximadamente à neutralização da doença holandesa. Logo, as empresas brasileiras industriais passaram a ter uma desvantagem competitiva de cerca de 20% desde 1990.

TABELA 1
Carga tributária, poupança pública e investimento total
(média das décadas desde anos 1970, por cento do PIB)

| Décadas | Carga tributária bruta | Poupança pública[1] | Investimento total[2] |
|---|---|---|---|
| 1970s | 25,4 | 3,9 | 21,4 |
| 1980s | 24,8 | -1,5 | 22,2 |
| 1990s | 26,5 | -0,8 | 19,6 |
| 2000s | 32,5 | -2,8 | 18,0 |
| 2010-16 | 32,6 | - | 19,8 |

Fontes: IBGE e Estatísticas do século XX para décadas de 1970, 1980 e 1990.
Obs.: [1] para década de 2000, Cemec. [2] Formação bruta do capital fixo em relação ao PIB.

O quinto fato histórico novo foi a forte queda da poupança pública. Um país precisa que seu Estado também poupe, ou seja, que a diferença entre sua receita e seu gasto em consumo seja positiva, de forma a poder financiar parte do investimento público. Não é necessário que financie todo o investimento público porque, se o endividamento público estiver em um nível satisfatório, ele pode ter um déficit que, dada a taxa de crescimento do PIB, mantenha a dívida pública constante e use esses recursos para completar o financiamento do investimento público. O ideal é que o investimento público represente cerca de 5% do PIB ou corresponda a 25% do investimento total, e seja financiado em parte pela poupança pública, cuja meta deve ser 2,5% do PIB, e pelo déficit público que não deverá ultrapassar 2,5% do PIB. Na Índia, por exemplo, o investimento público representa 15% do PIB. Mas para isso é necessário que o Estado realize uma poupança pública que, somada a um déficit público que não aumente a dívida pública em relação ao PIB, permita financiar esses 5 a 7% do PIB. Ocorre que no Brasil há muito o Estado não realiza regularmente uma poupança pública. Como vemos na tabela 1, a poupança pública alcançou índices elevados nos anos 1970 (em média, 3,9% do PIB), mas caiu verticalmente nos anos 1980 e permaneceu negativa desde então; nos anos 2000 foi negativa em 2,8% do PIB.

A queda da poupança pública pode ser explicada de duas maneiras que não são excludentes: foi consequência ou do aumento da despesa social do Estado, e/ou foi consequência principalmente do aumento da despesa do Estado com juros, a qual é determinada pelo tamanho da dívida pública em relação ao PIB e pelo nível da taxa de juros real que o Estado paga a seus credores. Eu fico com a segunda explicação porque o aumento do gasto social foi um compromisso assumido pelas elites econômicas e políticas no quadro do pacto democrático--popular que precedeu e comandou a transição democrática em 1985, tendo então ficado entendido que haveria um aumento correspondente dos impostos. O problema já começou na segunda metade dos anos 1970, quando o governo Geisel usou as empresas estatais de forma duplamente perversa: segurando seus preços para controlar a inflação e usando seu crédito internacional para endividar o país em moeda estrangeira e, assim, tentar crescer com "poupança externa", ou seja, com uma equivocada política de crescimento com endividamento externo. Quando, em 1980, o país quebrou, o Estado teve que socorrer as empresas privadas, inclusive bancos privados, e o desequilíbrio de suas finanças se agravou. Em consequência dessas duas políticas, a poupança pública tornou-se negativa e nunca mais se recuperou. Na crise financeira de 1998-99, causada por irresponsável política de crescimento com "poupança externa" do governo Cardoso, o Estado recorreu ao FMI, que exigiu do Brasil um ajustamento fiscal, mas não para restabelecer a poupança pública, mas, sim, para alcançar um superávit primário, de cujo cálculo são retirados os juros. Dessa maneira, não distinguiu o investimento público da despesa pública corrente, mostrando seu desinteresse pelo investimento público, ao mesmo tempo que permitia que rentistas e financistas continuassem a se apropriar do patrimônio público por meio do pagamento pelo Estado de juros exorbitantes sobre sua dívida.

Não deveria o aumento da despesa social do Estado ser aqui também incluído como uma causa da poupança pública negativa? Aritmeticamente sim, porque entre 1984 e 2007 a despesa social do Estado aumentou de 11,7% para 23,4% do PIB. Politicamente não, porque esse aumento da despesa social foi o resultado de um acordo social, e porque para financiá-lo foi realizado um aumento correspondente dos impostos. Uma vez dobradas a despesa social e a respectiva receita, a carga tributária passando a representar cerca de 36% do PIB, chega a hora de parar esse aumento. Esse fato foi refletido no debate público brasileiro desde as manifestações de junho de 2013, e, conforme observou Marcus André Melo (2016:291), "o alto nível da carga tributária, a politização do problema, e a pressão por uma melhor qualidade dos serviços públicos estão criando uma forte base para um novo nível de responsabilização". No governo Lula isso foi compreendido, mas o governo Dilma "esqueceu-se" do acordo ou dos limites políticos das despesas e continuou a aumentar a despesa social, ao mesmo tempo que adotava uma "política industrial" absurda de desoneração generalizada dos impostos pagos pelas empresas, que, conjuntamente com a queda da arrecadação devido à recessão, levou o Brasil à crise fiscal a partir de 2014.

O sexto e último fato histórico novo que teve impacto negativo sobre o crescimento foi o esgotamento da "oferta ilimitada de mão de obra" que, de acordo com o clássico modelo de sir Arthur Lewis, de 1954, deprimia os salários, permitia que crescessem menos do que a produtividade. Se o excedente dessa forma gerado fosse aplicado pelas empresas no reinvestimento e no progresso técnico, o crescimento econômico poderia ser acelerado. É discutível que a consequência dessa oferta ilimitada de mão de obra fosse benigna para o desenvolvimento econômico. Não há dúvida, porém, que a queda havida nas taxas de fecundidade no Brasil, nos anos 1980, teve como consequência uma diminuição forte na oferta de trabalho nos anos 2000. Foi a principal causa do forte aumento dos empregos formais, de trabalhadores com "carteira de trabalho assinada" que ocorreu nessa década, e não é seguro que tenha gerado um efeito negativo considerável sobre o crescimento. De qualquer forma, dos seis fatos histórico novos, foi o único estrutural, que não dependeu da vontade dos brasileiros ou da vontade e da lógica do capitalismo financeiro-rentista.

## Recessão 2014-16

No início de 2015, o Brasil foi surpreendido com a notícia de que estava em recessão, e que ela já havia começado no ano anterior. No boletim *Focus* do Banco Central, de janeiro de 2015, as consultorias econômicas previam um crescimento de 0,05% do PIB; a queda foi de 3,6%. Nos três anos da recessão (2014-16), a renda *per capita* caiu 8,7%, o PIB, 7,1%. O desemprego chegou a 13,7% do PIB no início de 2017, quando o país estava saindo lentamente da recessão, caindo para 11,8% do PIB ao final do ano (gráfico 13).

### GRÁFICO 13
Taxa de desocupação — mar. 2012 a dez. 2017

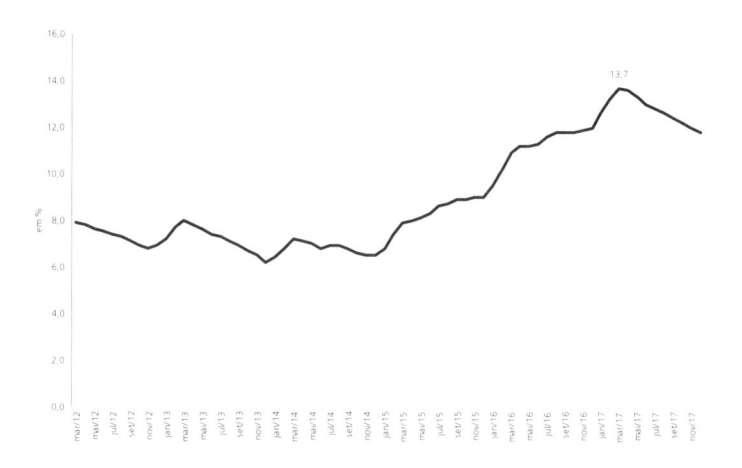

Fontes: IBGE, PNAD Contínua.

As origens da recessão de 2014-16 são as mesmas que têm explicado a quase-estagnação desde 1994: (a) uma taxa de câmbio altamente apreciada desde 2007; (b) a forte queda da taxa de lucro das empresas industriais desde 2011; (c) a forte elevação da taxa de juros desde maio de 2013; (d) o grande aumento da dívida do setor privado (empresas e famílias) que foi de 35% para 73% do PIB de 2005 para 2014; e (e) uma política industrial definida por desonerações fiscais generalizadas e sem exigência de contrapartidas adotada pelo governo Dilma que levou o país de um superávit primário de 1,7% do PIB em 2013 (já um pouco abaixo do necessário para estabilizar a dívida pública) para um déficit primário de 0,6% do PIB em 2014. O resultado foi um forte endividamento das empresas entre 2007 e 2014, a suspensão da rolagem de suas dívidas no sistema financeiro e a paralisação dos investimentos, enquanto a taxa de câmbio se depreciava fortemente (Rezende, 2016). Por outro lado, a Operação Lava Jato paralisou os investimentos na Petrobras e nos fornecedores. O investimento da Petrobras era de 1,28% do PIB em 2014 e em 2016 foi de 0,65% do PIB.[17] Em 2014, quando as empresas fortemente endividadas já não tinham mais condições de continuar a investir, a forte queda no preço das *commodities* exportadas pelo Brasil foi o gatilho que paralisou os investimentos e desencadeou a crise. De 2014 a 2016 o PIB caiu 7,1%.

GRÁFICO 14
Dívida pública em % do PIB — dez. 2006 a dez. 2017

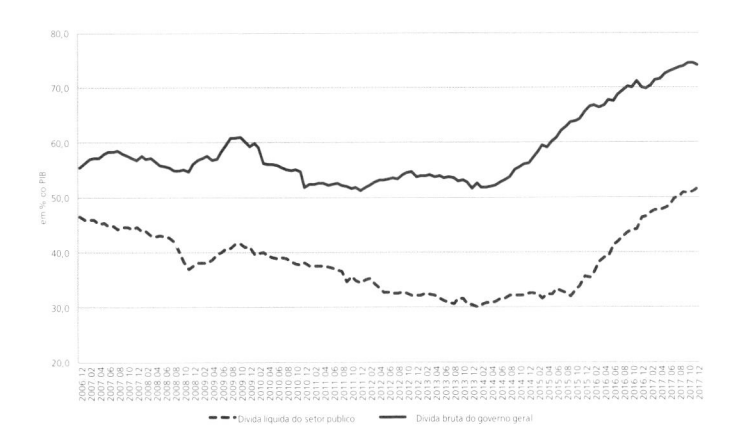

Fonte: Banco Central do Brasil.
Obs.: o governo geral abrange governo federal, governos estaduais e governos municipais. Exclui Banco Central e empresas estatais.

---

[17] Fonte: Ministério da Fazenda.

Além de mergulhar na recessão, o país também mergulhou, em 2015, em uma crise fiscal, que decorreu do aumento das despesas, das desonerações fiscais decididas pelo governo e da queda adicional da receita tributária causada pela recessão. Diante da crise econômica e fiscal, que rapidamente se transformava também em crise política, a presidente tentou *apaziguar* a burguesia dando uma guinada mais forte de sua política econômica na direção da ortodoxia liberal (já o fizera em maio de 2013, quando o Banco Central voltou a aumentar a taxa básica de juros, a Selic). Chamou então o economista ortodoxo, Joaquim Levy, para o Ministério da Fazenda, com a esperança de que seu nome e o ajuste fiscal que realizasse lhe devolveriam a confiança perdida junto às elites econômicas. Levy subestimou a gravidade da crise, iniciou um ajuste econômico procíclico radical — um ajuste em plena recessão — prevendo que o país alcançaria um superávit primário de 1,1% do PIB. Enganou-se. No final do ano o país contabilizou um déficit primário de 2,1% do PIB.[18] Em consequência, o déficit fiscal nominal subiu para 9% do PIB, enquanto a dívida pública bruta, que permanecera estável até 2013, passa a crescer fortemente, conforme vemos no gráfico 14. Era a crise fiscal em plena recessão. O desemprego, que era apenas 6,5% da força de trabalho em 2014, subiu para um máximo de 13,7% no início de 2017. A inflação, que vinha girando em torno de 6% ao ano, subiu para 10% em 2015, porque o governo não teve alternativa senão corrigir os preços administrados, que haviam sido distorcidos no governo Dilma. Diante do fracasso dessa política, em parte causada pela resistência do Congresso em

---

[18] O déficit primário de 2015 foi realmente de 1%. O outro 1% deveu-se aos "empréstimos" feitos pelo governo junto ao BNDES e outras agências nos anos anteriores, que foram lançados na contabilidade pública nesse ano. Foram as "pedaladas" que os opositores do governo usaram como base para o *impeachment*, embora sejam operações financeiras comuns no Brasil.

colaborar com o Executivo, Levy demitiu-se no final de 2015 e foi substituído por Nelson Barbosa, um competente economista heterodoxo que participara do governo até 2012, quando pediu demissão por não concordar com a política que estava sendo praticada. Ele, porém, teve pouco tempo no Ministério da Fazenda, dado o *impeachment* da presidente em abril do ano seguinte e o retorno da economia ao neoliberalismo.

CAPÍTULO 5

# Quatro grandes problemas

Discuti até agora o problema do desenvolvimento econômico como se fosse esse o grande problema brasileiro, e creio ter deixado claro que as principais causas da quase-estagnação desde 1994 são a política liberal de juros altos e o câmbio apreciado que aumentaram o consumo, desestimularam os investimentos na indústria e causaram grave e prematura desindustrialização. É uma armadilha macroeconômica, portanto. Vimos que associadas a essas causas centrais existem três males que impedem o desenvolvimento brasileiro: a doença holandesa, uma apreciação estrutural da moeda nacional; o populismo cambial, que envolve a aceitação/adoção pelos políticos, economistas e a sociedade em geral de um déficit em conta-corrente e de uma correspondente taxa de câmbio apreciada; e o populismo fiscal, que envolve despesas correntes elevadas do Estado, inclusive os juros da dívida pública, poupança pública negativa, superávit primário pequeno e déficit público elevado. Essas duas formas de populismo estão associadas a uma alta preferência pelo consumo imediato por parte da sociedade brasileira, que não se dispõe a fazer sacrifícios no curto prazo para crescer e aumentar os padrões de vida no médio prazo, e à submissão da grande massa de brasileiros a um sistema de privilégios em favor da elite financeiro-rentista e de uma burocracia pública que recebe salários e aposentadorias injustificáveis.

Existe também o problema do aquecimento global e, mais amplamente, da proteção do ambiente. Esse é um problema compartilhado com todos os demais países, como são também os problemas da corrupção e dos altos níveis de criminalidade. Eu creio que o Brasil tem reagido razoavelmente bem ao problema ambiental. Dentro do espírito do acordo de Paris, o Brasil deve contribuir ativamente para limitá-lo a um aumento de dois graus, definindo para isso metas nacionais e as acompanhando da maneira mais transparente possível. O aquecimento global e, mais amplamente, a questão da proteção da natureza são o desafio maior que hoje enfrenta a humanidade. Há um custo em realizar essa proteção, mas estou convencido de que, primeiro, seu custo é menor do que geralmente se supõe; segundo, que esses custos podem vir a ser uma fonte de demanda e de crescimento. O notável economista Michel Aglietta (2016), por exemplo, a partir da tese das ondas ou ciclos longos de Kondratieff, acredita que a condição de baixo crescimento em que se encontram as economias dos países ricos desde 2008 deverá ser superada por uma quinta onda de inovações e de investimentos voltados para o problema ambiental, que deverá ter como centro a China, que, nos últimos cinco anos, vem realizando um esforço notável nessa área.

Quanto à corrupção, esse é um problema inerente ao capitalismo e é tanto menor quanto mais desenvolvido é o país. É impressionante a correlação entre o grau de desenvolvimento dos países e seu índice de corrupção. Nessa matéria o Brasil adotou um regime eleitoral proporcional com listas abertas que encareceu brutalmente as eleições e resultou em substancial aumento da corrupção. Com a operação Lava Jato houve um avanço, mas ao custo do desrespeito aos direitos civis dos cidadãos e do enfraquecimento da grande indústria nacional de construção civil e da Petrobras. Igualmente grave é o problema da alta criminalidade que o Brasil compartilha com o resto do mundo, e que não será resolvido enquanto a sociedade mundial pretender evitar que seus filhos caiam no vício das drogas por meio da sua proibição. Em relação às drogas, não basta descriminar seu uso; é preciso legalizar gradual, mas firmemente, sua produção e comercialização. Existem, além desses males e além dos vários problemas, quatro problemas que precisam ser resolvidos para que o Brasil volte a ser uma nação coesa, solidária, inserida no sistema econômico e político mundial de forma competitiva. Um é ideológico-cultural, a perda da ideia de nação; outro é puramente político, o sistema eleitoral que, para ser muito democrático, torna a corrupção necessária para a sobrevivência dos deputados federais, e a governabilidade do país, uma aventura incerta; o terceiro é o maior de todos os problemas brasileiros: a imensa desigualdade; e o quarto é uma das manifestações dessa desigualdade e uma consequência da taxa de juros absurda que tem vigido na economia brasileira: as enormes despesas do Estado com juros. Examinarei os quatro problemas na mesma ordem em que os enumerei.

## Ideia de nação

O Brasil deixou de crescer satisfatoriamente quando os brasileiros e particularmente suas elites econômicas, políticas e intelectuais perderam sua ideia de nação. Eu sou radicalmente crítico do nacionalismo étnico, mas acredito que o nacionalismo econômico é uma condição para o desenvolvimento e o alcançamento do Brasil. Para competir com os demais estados-nação, o Brasil, como qualquer outro país, requer um projeto de desenvolvimento nacional; precisa adotar um regime de política econômica desenvolvimentista baseado na responsabilidade fiscal e cambial, em manter os cinco preços macroeconômicos certos, e na adoção de uma política industrial estratégica. O liberalismo econômico é incompatível com o desenvolvimento econômico porque as elites locais que o adotam se afirmam internacionalistas, mas são dependentes ou coloniais, e, portanto, incapazes de defender os interesses do Brasil quando eles conflitam com os dos países ricos. Elas não sabem nem parecem querer saber que os países centrais não estão interessados na sofisticação produtiva dos países periféricos por muitas razões, a primeira das quais é o fato de que não querem a concorrência na produção industrial de países cuja mão de obra é relativamente barata. Ao invés, estão persuadidas de que os interesses do Brasil e os interesses dos países ricos são basicamente os mesmos, e, portanto, que suas recomendações e pressões visando tornar liberal o regime de política econômica são boas para nós. Crença que os economistas brasileiros que cursam os programas de doutorado nas grandes universidades americanas e inglesas se encarregam de legitimar. Eles ali aprendem uma teoria econômica abstrata, hipotético-dedutiva e, por isso, passível de ser matematizada, que, afinal, é apenas a ideologia neoliberal tornada "científica", não obstante incessantemente falseada pela experiência de todos os países. Uma teoria neoclássica que não serve nem mesmo para o países ricos; o que dizer para os países em desenvolvimento? Mas serve para enriquecer a elite internacional de capitalistas rentistas e financistas que hoje dominam o mundo.

Supor a comunidade de interesses entre países ricos e países em desenvolvimento é uma posição equivocada porque ignora a natureza competitiva do capitalismo. Nele a competição não define apenas a ação das empresas, mas também dos estados-nação. Estes são a sociedade político-territorial específica do capitalismo. Como as empresas devem realizar lucros, investir e crescer, os países devem também realizar um excedente, investir e crescer. Como as empresas competem entre si nessas ações, os estados-nação também competem. Isso não implica que não possa haver cooperação; é claro que há interesses comuns que sugerem ou impõem a cooperação, mas a lei maior é a da competição.

Acresce que essa competição não é entre iguais. Há os países ricos e os países em desenvolvimento, e os países ricos, principalmente os maiores, são imperialistas: sentem-se superiores e com direito de impor seus interesses aos demais. Esse imperialismo vem sofrendo derrotas, desde o pós-guerra, quando se viu o fim do colonialismo formal, porque os povos periféricos se organizaram, adotaram posições políticas nacionalistas e foram capazes de se defender. Ao defenderem o liberalismo econômico e pressionarem os países em desenvolvimento nessa direção, os países ricos estão sendo imperialistas, porque estão buscando impedi-los de se industrializar. Essa tese ficou imensamente desgastada nos anos 1950, e muitos países conseguiram adotar o desenvolvimentismo e se industrializar, mas nos últimos anos, principalmente na América Latina, vemos a tentativa de se voltar a ela.

Mas se os países ricos são contrários à sofisticação produtiva dos países em desenvolvimento, como explicar as empresas multinacionais industriais? Sua lógica não é a mesma lógica do seu país de origem. Elas se tornaram multinacionais, a partir dos anos 1950 (antes havia empresas internacionais), quando os países em desenvolvimento fecharam suas fronteiras à exportação de bens manufaturados, e não lhes restou alternativa senão instalar neles suas fábricas. Mais adiante, tornou-se, também, interessante para as empresas multinacionais aproveitar a mão de obra barata dos países periféricos. Mas esse fato não mudou a lógica colonialista mais geral que é a de dificultar a industrialização de futuros concorrentes. Ela está inserida na política mais ampla que os Estados Unidos adotaram quando se tornaram hegemônicos, após a Segunda Guerra Mundial: a política imperial de persuadir/impor ao mundo o liberalismo econômico. Esta decisão talvez possa ser explicada pela natureza evangélica do capitalismo americano, mas sua justificação maior é seu próprio interesse nacional.

Nos anos 1950 e 1960, os nacionalistas brasileiros eram contra o "capital estrangeiro" e suas remessas de lucros às matrizes. O mundo mudou, é preciso distinguir os interesses das empresas dos interesses das nações, e, hoje, ser nacionalista e desenvolvimentista não significa ser contra as empresas multinacionais. Pode significar limitar sua entrada no país, mas não porque elas são estrangeiras, mas porque o país precisa limitar a entrada de capitais em geral para evitar a apreciação da moeda nacional, ou, também, porque o setor é estratégico, e o país prefere conservá-lo em mãos nacionais. Se se opor às empresas multinacionais não é ser nacionalista, o que é, então, ser nacionalista no Brasil? É ser novo-desenvolvimentista. É, essencialmente, rejeitar déficits em conta-corrente, como fazem os países do leste da Ásia, principalmente a China, e realizar um pequeno superávit. É não querer crescer com "poupança externa" e não elevar os juros para atrair capitais. É usar esses superávits para financiar os investimentos das empresas brasileiras no exterior; é torná-las também empresas multinacionais, como, aliás, já temos algumas.

Tudo isto é muito simples. Mas impossível sem que tenhamos uma ideia de nação e um projeto de desenvolvimento.

## O sistema eleitoral equivocado

Este livro não está sendo escrito do ponto de vista político, mas há um problema político no sentido mais estrito que representa um grande problema brasileiro: o sistema proporcional de listas abertas. Esse sistema foi estabelecido pela Constituição de 1988 seguindo a tradição brasileira e um belo princípio de representatividade democrática. Os sistemas eleitorais ou são proporcionais, ou são majoritários; ou o número de deputados eleitos é proporcional ao número de votos no partido, ou é distrital, sendo eleito em cada distrito o candidato mais votado. O sistema proporcional é mais democrático, porque reflete as minorias, porque dá espaço para os pequenos partidos. E porque os países mais democráticos do mundo — os países nórdicos — o adotam. Mas são países pequenos, muito diferentes do Brasil. Por muito tempo defendi o sistema distrital misto, mas hoje estou convencido de que a reforma eleitoral deve estabelecer o voto distrital.

O problema da representatividade, que o sistema proporcional pretende atender, não é o problema maior do sistema eleitoral brasileiro. Na democracia representativa, que é a única forma de democracia possível (existe um espaço para a democracia direta, como vemos na Suíça, por exemplo, mas é um espaço pequeno), a representatividade dos parlamentares pode ser teoricamente o maior problema, mas na verdade o maior problema é a independência do parlamentar ao tomar suas decisões, independência essa que será tanto maior quanto menor for o custo das campanhas eleitorais para ele se eleger, e quanto menos ele depender das benesses do Poder Executivo (as emendas parlamentares, no caso do Brasil) para se reeleger. O sistema proporcional de listas abertas não se limita a tirar independência do parlamento;

ele o corrompe, e, dessa forma, corrompe o sistema político. A corrupção envolvida na busca de apoio das empresas ou dos ricos para se reeleger é evidente; o candidato está sendo comprado por elas. E resulta em plutocracia. A corrupção envolvida nas emendas atinge mais o presidente da República, que é obrigado a fazer favores com os recursos do Tesouro nacional aos deputados para que votem nos projetos principais do governo.

Esses argumentos já são suficientes para a preferência pelo sistema distrital, mas podem nos levar a uma solução de compromisso. Desde 1960, me tornei um defensor desse sistema quando um amigo meu, que estudava naquela época na Alemanha, me contou que naquele país havia um sistema distrital misto. Mas há um argumento adicional em relação ao sistema distrital, que nos leva a optar por ele: um sistema eleitoral é bom quando garante ao governo eleito governabilidade; quando lhe garante maioria ou quase-maioria parlamentar. Ora, o sistema proporcional não tem essa qualidade; o distrital misto é um pouco melhor; e o distrital simples, muito melhor. Para entender isso, basta considerar que em um sistema distrital o partido que tiver maior número de votos em nível nacional poderá eleger *todos* os parlamentares ainda que sua vantagem não tenha sido muito grande. É claro que isso nunca acontece. Que nenhum partido consegue maioria em todos os distritos, mas consegue maioria em um número de distritos mais do que proporcional ao número total de votos que recebeu — e está aí o mérito do sistema distrital, porque se torna relativamente mais fácil para o partido vencedor governar. Estou, hoje, convencido que o Brasil deve também adotar o sistema distrital, inclusive porque é o sistema adotado por praticamente todos os grandes países democráticos.

## A imensa desigualdade

A imensa desigualdade existente no Brasil tem origem na tardia abolição da escravidão e, uma vez tornada ilegal, o abandono dos antigos escravos à sua própria sorte. A análise da desigualdade brasileira com origem na escravidão foi elaborada de maneira clássica por Florestan Fernandes em pesquisa realizada em São Paulo (Fernandes, 1965: v. II, p. 5). Conforme assinalou Adalberto Cardoso, "Getúlio Vargas representou uma importante ruptura com a dinâmica herdada da escravidão, ao renovar a estrutura do Estado capitalista para incorporar aquela questão em seu próprio âmago", mas Vargas limitou-se a romper a velha ordem em relação aos trabalhadores urbanos. Uma vez abolida a escravidão, esta deu origem a um imenso grupo de excluídos sociais: os trabalhadores livres nacionais, geralmente negros ou mestiços, vítimas da exploração e do desprezo social. Foi dessa população originária dos trabalhadores livres nacionais e da escravidão que se originou a "ralé" de que fala com indignação e propriedade Jessé Souza (2003).

No pacto político democrático popular que antecedeu a transição democrática de 1985, o problema da desigualdade foi afinal reconhecido pelas elites econômicas brasileiras. Nas comparações internacionais, o Brasil geralmente aparecia como o país mais desigual do mundo.[19] Desde 1970 a esquerda fazia uma crítica forte ao regime militar com base nesse fato. Afinal, no grande acordo que foi a transição de-

---

[19] Um estudo publicado pelo Banco Mundial, em 1980, comparando a participação das famílias 10% mais ricas na renda nacional de 32 países capitalistas, apresentou o Brasil com o maior índice de concentração (50,6%) e a Suécia com o mais baixo (21,3%). Além de países desenvolvidos, constavam da lista países latino-americanos, asiáticos e africanos.

mocrática, empresários e trabalhadores concordaram não apenas em torno da democracia, mas também da necessidade de reduzir a grande desigualdade econômica da sociedade brasileira. E se acordou, também, que isso seria feito, principalmente, por meio do aumento do gasto social do Estado em educação e em saúde. Nada se falou sobre um imposto progressivo, embora isso seja hoje a principal causa da desigualdade brasileira. Esse acordo foi seguido pelos governos que se seguiram até os governos do PT, para os quais a diminuição da desigualdade foi a prioridade. Por isso, em meu livro *A construção política do Brasil*, designei o período 1980-2014 de Ciclo Democracia e Justiça Social. Foi apenas em 2015, quando os economistas neoliberais recuperam a voz, e no ano seguinte, quando a elite financeiro-rentista alcança uma hegemonia ideológica nunca vista antes no Brasil, que esse pacto é definitivamente abandonado por ela, enquanto os economistas liberais explicam a crise fiscal por um aumento de despesas que, até 2012, correspondia basicamente ao que fora acordado.

O avanço social logrado a partir da transição democrática foi substancial. A democracia não foi capaz de superar o problema de baixo crescimento econômico que perdura desde 1980, mas soube enfrentar com algum êxito o problema da desigualdade e da pobreza. Segundo o Banco Mundial, o Brasil conseguiu praticamente eliminar a pobreza extrema e fez isso mais rápido que seus vizinhos. Em seu relatório de 2014, o Banco ressaltou que o número de brasileiros vivendo com menos de 2,5 dólares (cerca de 7,5 reais) por dia caiu de 10% para 4% entre 2001 e 2013. A renda domiciliar *per capita* da população brasileira aumentou 40,7% entre 2003 e 2011, taxa 13,3 pontos superior à apresentada pelo PIB *per capita*, que avançou 27,7% no período.

**GRÁFICO 15**
Índice de Gini no Brasil — 1960-2014

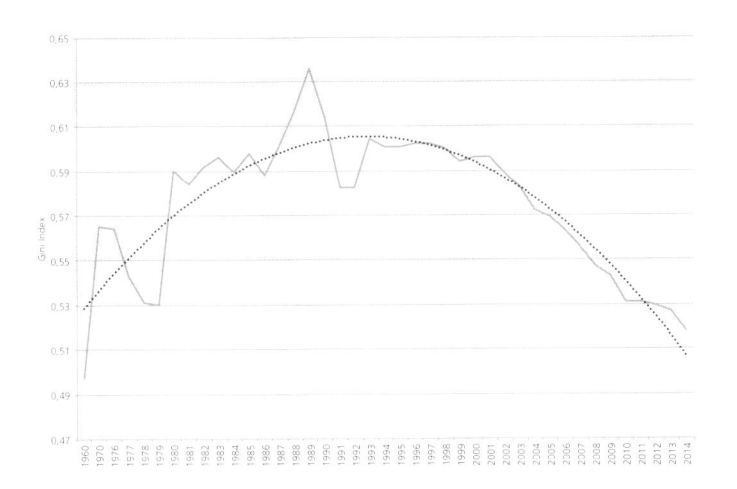

Fontes: Velloso (1991) (dados dos Censos de 1960, 1970 e 1980); Ramos (1993) (dados de 1976 a 1979, elaboração do autor a partir da PNAD); Ipeadata (de 1981 até 2009; para os anos de 1991, 1994 e 2000 foram utilizados os dados do período seguinte).

A participação dos salários no PIB, que subira com o Plano Real, cai em seguida, mas volta a crescer a partir de 2004, o que confirma o modelo de crescimento voltado para o consumo que caracterizou os governos do PT, que possibilitou ampla inclusão social, mas revelou-se insustentável, como bem demonstrariam as baixas taxas de crescimento do governo Dilma.[20] Um indicador significativo desse fato é o índice de Gini, que, depois de alcançar seu auge no início dos anos 1990, passou a cair em seguida de maneira significativa, como podemos ver

---

[20] A participação dos salários no PIB, que alcançara 35% em 1995, logo após o Plano Real, e caíra para 31% em 2004, volta a subir para 35% em 2009. Em termos das contas nacionais, o consumo das famílias, que era de 60,3% do PIB em 2001, passou a 62,5% em 2013. Fontes: estimativas de Sicsú (2010:14), com base nas Contas Nacionais do IBGE; e dados do IBGE.

pelo gráfico 15. O ano em que esse índice alcançara o nível mais alto foi 1989, quando a alta inflação inercial se transformou em hiperinflação nos últimos meses do governo Sarney, e o Gini alcançou 0,636. Passou a partir de então a cair de forma consistente, alcançando 0,49 em 2014.[21] A melhoria do índice a partir de 1989 deveu-se, primeiro, ao Plano Real, que terminou com a alta inflação em 1994, e à política redistributiva dos governos Cardoso, Lula e Dilma, e principalmente ao aumento do salário mínimo no governo Lula, que foi de 52% em termos reais. No governo Dilma a despesa social e o salário mínimo real continuaram a aumentar, enquanto a taxa de crescimento caía e a taxa de lucro na indústria tendia a zerar em função dos altos juros e do câmbio apreciado. Estava no momento de interromper por algum tempo o processo de aumento do salário mínimo real e dos salários em geral para que eles voltassem a crescer com o aumento da produtividade, e de controlar melhor o aumento da despesa social. Dilma não compreendeu isso, continuou a aumentar esses gastos e a realizar desonerações em benefício das empresas, e perdeu o controle da conta fiscal.

TABELA 2
IDH e indicadores sociais — 1980-2014

|  | 1980 | 2014 |
| --- | --- | --- |
| Índice de desenvolvimento humano | 0,55 | 0,74 |
| Esperança de vida (anos) | 62,5 | 74,9 |
| Mortalidade infantil (1 ano, %) | 69,1 | 14,9 |
| Índice de analfabetismo (%) | 25,9 | 8,4 |
| PIB per capita GDP (PPP$2005) | 7,310 | 10,200 |
| PIB per capita (PPP $2012) |  | 15,412 |

Fonte: PNUD/IBGE.

---

[21] Fonte: Ipeadata (2010).

No plano social os avanços foram também notáveis. O gasto social e a qualidade desses gastos aumentaram porque havia o grande acordo da transição democrática a legitimá-los, e porque a pressão dos eleitores e das organizações da sociedade civil por mais e melhores serviços em educação e saúde manteve-se forte durante todo o tempo, porque a reforma gerencial do Estado de 1995 tornou o SUS mais eficiente, e porque a longa e incansável luta de Eduardo Suplicy pela renda mínima afinal encontrou uma forma de política parcial mas vitoriosa no Bolsa Família. Os dados da tabela 2, relativos ao Índice de Desenvolvimento Humano e às três medidas sociais básicas que o constituem, indicam um avanço extraordinário, e mostram que o gasto social foi bem empregado: produziu bons resultados. E vale acrescentar aos números expressivos da tabela que o índice de analfabetismo caiu de 25,9% em 1980 para 8,4% em 2014. A cobertura do ensino fundamental já atinge 97% das crianças. Ainda que a qualidade do ensino fundamental no Brasil continue muito a desejar, prejudicada pelo baixíssimo "currículo familiar" dos alunos, ela vem melhorando sensivelmente.

Estes avanços para os pobres e os excluídos foram realizados enquanto a economia crescia muito pouco e a classe média tradicional ficava esquecida. E ressentida. Há muito eu temia que o aumento do gasto social e dos impostos para financiá-los seria identificado pela classe média, que não se beneficia deles a não ser a universidade pública gratuita, e começasse a caminhar para a direita. Foi isso que aconteceu. Foi pior do que isso, porque, além de se tornar conservadora, a classe média passou a nutrir ódio pelo partido, o PT, e pelo líder político, Lula, que comandavam essa política de diminuição da desigualdade. E quando essa classe média e a elite financeiro-rentista assumiram o comando do país, em 2016, passaram a realizar um ataque aos trabalhadores e aos excluídos, como se fossem eles, e não os interesses dos rentistas e financistas, a origem dos males do país.

O golpe do *impeachment* representou um golpe para os trabalhadores e os excluídos e para a esquerda e a centro-esquerda brasileira, que protestaram contra o golpe e vêm protestando contra as políticas e reformas neoliberais do governo. Esse protesto é importante, como é importante continuar a luta pela diminuição da desigualdade no Brasil, que continua muito alta. Mas é importante também que as forças progressistas mostrem que têm uma alternativa de política econômica viável e responsável, que governará não apenas com os trabalhadores, mas também com a classe média moderna e com os empresários, tanto industriais como do agronegócio. É preciso reconhecer que o governo Dilma não mostrou essa capacidade.

A luta pela diminuição da desigualdade envolve uma permanente tensão entre crescimento e distribuição. Nela é inaceitável a tese "primeiro vamos crescer e depois distribuir". No Brasil a fase da acumulação primitiva, na qual isso é inevitável, já foi há muito ultrapassada, e é preciso uma política firme de inclusão social e de distribuição. Mas isso não significa que todos os setores ganharão. Neste livro eu estou trabalhando com seis atores sociais: os trabalhadores, os excluídos, os empresários, a classe média não rentista, os rentistas e os financistas. Entre eles, apenas os muito ricos e os rentistas e financistas deverão sofrer uma perda relativa. Como, por qual método de distribuição? Por meio da manutenção da taxa de juros em um nível civilizado e por meio de uma reforma tributária que torne os impostos progressivos. É impressionante como um sistema tributário progressista faz diferença. Por exemplo, os índices de Gini da Suécia e dos Estados Unidos são quase iguais antes do pagamento dos impostos; depois, a diferença é enorme.

## A despesa com juros: captura do patrimônio público

Finalmente, o problema dos imensos juros que o Estado paga sobre sua dívida pública mobiliária. As altas taxas de juros vigentes na economia brasileira são uma causa central do seu baixo crescimento porque elas desestimulam os investimentos duplamente. Primeiro, diretamente, porque quanto maior for a taxa de juros que as empresas tiverem que pagar, mais alta será a taxa de lucro esperada que as levará a investir. Segundo, indiretamente, na medida em que, dada a decisão do governo de procurar crescer com poupança externa, a taxa de câmbio do país necessariamente se aprecia e, ao invés de estimular o investimento, estimula o consumo. Foi essa a decisão do governo Fernando Henrique Cardoso, que iniciou o governo com zero de conta-corrente e deixou para seu sucessor um déficit elevado; foi também essa a política do governo Lula, que manteve o nível do déficit em conta-corrente que herdara. Nos dois casos, esses déficits precisaram ser, e foram, financiados de maneira permanente, e as entradas de capitais mantiveram a taxa de câmbio apreciada no longo prazo, além de aumentarem a dívida do país: patrimonial, se o financiamento foi feito por títulos de dívida, financeira, se o financiamento foi feito por investimentos diretos estrangeiros.

Os juros pagos (mesmo pelas empresas com alto nível de crédito) são muito altos. Isto se deve ao fato de a taxa de juros básica, a Selic, ser muito alta no Brasil, e serem também muito altos os *spreads* (juros acima da Selic) cobrados pelos bancos. Eles emprestam pouco, mas obtêm bons lucros dessa maneira. Limitando-me, apenas, à Selic, minha convicção é a de que os juros pagos pelo Estado sobre sua dívida mobiliária são extorsivos. Não há explicação para eles se não considerarmos como uma de suas causas a hegemonia ideológica do capitalismo financeiro-rentista no Brasil. Isso não significa, naturalmente, que eu acredite que a Selic seja resultado de uma conspiração. Tanto não é que ela vem caindo através dos anos, desde o nível muito alto que foi estabelecido para ela no Plano Real e, depois, na crise financeira de 2002. O gráfico 11, no capítulo anterior, quando discuti a armadilha dos juros altos e do câmbio apreciado, deixa muito claro como a Selic é muito mais alta do que precisaria ser. O risco Brasil é um bom indicador do nível em torno do qual a taxa básica de juros deve ser praticada pelo banco central. Ora, a Selic tem-se mantido bem acima desse nível. Um argumento curioso que apresentam os defensores da política monetária brasileira é a de que no período 2003-17 a taxa média de inflação foi de 6,3% ao ano, bem acima do centro do regime de metas de inflação, que foi de 4,5%. Os dois números estão corretos. Mas sabemos que essa resistência da inflação para baixa (só, afinal, vencida, em 2017, graças a uma recessão brutal) decorre da inércia inflacionária. Ora, se é esse o caso, por que o governo não decide afinal proibir por emenda constitucional a causa dessa inércia — a indexação formal dos contratos? Existe no Senado um projeto nessa direção que ajudei a escrever há muitos anos. Segundo, temos o problema dos títulos públicos indexados que eliminam o efeito-riqueza da elevação dos juros e fazem com que a política monetária perca eficácia. Sem dúvida, esse é um problema, novamente relacionado com a indexação. Por que o governo não faz uma reforma monetária para resolver esse problema e elimina definitivamente os títulos públicos indexados? Só vejo uma resposta para essa questão. Não há interesse do sistema financeiro, não há interesse da coalizão financeiro-rentista em realizar essas reformas.

TABELA 3
Despesa com juros do Estado brasileiro: 2012-17

| Ano | R$ bilhões | % PIB |
|---|---|---|
| 2012 | 305 | 5,2 |
| 2013 | 317 | 5,4 |
| 2014 | 365 | 6,2 |
| 2015 | 540 | 9,1 |
| 2016 | 402 | 6,8 |
| 2017 | 380 | 6,4 |

Fonte: Banco Central do Brasil. Reais de dezembro de 2016.

Mas há ainda o problema dos juros totais pagos sobre a dívida mobiliária do Estado. Eles são altíssimos, como podemos ver pela tabela 3. São juros que têm girado em torno de 6% do PIB, tendo alcançado 9,1% em 2015.

TABELA 4
Despesa com juros, saúde e educação, 2016

|  | R$ bilhões | % PIB |
|---|---|---|
| Juros | 402 | 6,2 |
| Saúde | 337 | 5,2 |
| Educação | 234 | 3,6 |

Fontes: Banco Central do Brasil, Ministério do Planejamento.
Observação: os juros são só do governo federal, as despesas com saúde e educação incluem os estados e municípios.

Outra forma de avaliar o absurdo da conta de juros do Estado brasileiro é comparar as despesas de juros com as despesas com saúde e educação. Como vemos pela tabela 4, em 2016 gastou-se mais com juros do que com saúde, ou com educação. Mas o curioso é que esse fato é sempre "esquecido" pela ortodoxia liberal. O uso da métrica do "superávit primário" ao invés do déficit público é a forma que foi encontrada internacionalmente, com o apoio do FMI, para se deixar de lado a despesa pública com juros. Mas ao mesmo tempo essa ortodoxia clama por responsabilidade fiscal. Sou também definitivamente a favor de responsabilidade fiscal, mas existe responsabilidade fiscal quando se fazem esses gastos enormes com juros a partir de uma taxa de juros altíssima? Mas, pode objetar o defensor do regime de política econômica liberal vigente no Brasil, esses juros altos são consequência das despesas públicas irresponsáveis realizadas pelos governos. De acordo, houve irresponsabilidade fiscal em várias ocasiões desde 1990. Mas a causa principal dos altos déficits públicos e do resultante endividamento público não é o déficit nominal do setor público, mas outras despesas. Conforme estudo de Couto, Lima e Couto (2018), nos 16 anos dos governos FHC e Lula (1995-2010) o déficit nominal do governo central representou apenas 40% da elevação da dívida interna no período. Os outros 60% sendo explicados por ajustes patrimoniais e cambiais, incorporação de juros e programas de socorro a bancos como foi o Programa de Estímulo à Reestruturação e ao Fortalecimento do Sistema Financeiro Nacional (Proer) (Couto, Lima e Couto, 2018). Não houve, portanto, populismo fiscal nesses 16 anos. Os episódios de populismo fiscal aconteceram antes de 1999 e depois de 2010. E, durante todo o período, houve, naturalmente, um grande populismo cambial, como podemos ver pelos déficits em conta-corrente e pela taxa de câmbio apreciada ciclicamente.

CAPÍTULO 6

# A política macroeconômica necessária

Desde que a economia brasileira "parou" em 1980, ou, mais precisamente, desde que a economia brasileira entrou em grave processo de desindustrialização e a taxa de crescimento do país caiu verticalmente, apenas um setor prosperou: o agronegócio. Em 1930, quando começou o processo de transformação de uma agricultura baseada no latifúndio em uma agricultura e uma pecuária moderna, e principalmente quando, a partir dos anos 1980, ela ganhou força, apoiada nas pesquisas realizadas pela Embrapa, o agronegócio prosperou, conquistou o Centro-Oeste, e se tornou um sistema econômico de alta produtividade. O êxito no setor agropecuário e o mal desempenho na indústria levaram economistas a voltarem a um tema que eu havia visto morrer no final dos anos 1950, diante do extraordinário desenvolvimento industrial: a ideia de que "o Brasil é um país essencialmente agrícola", que era o lema dos liberais da época. Não voltarei a discutir essa questão, porque não vejo como uma pessoa que saiba um mínimo de história econômica possa pensar dessa maneira. Acredito na boa-fé dos economistas neoclássicos que acreditam ser o desenvolvimento econômico o resultado do livre funcionamento do mercado formalizado pelo modelo de equilíbrio. Mas deduzir daí que o Brasil não precisa da indústria para se desenvolver violenta de tal maneira a experiência histórica mundial que não posso deixar de ficar indignado com essa ortodoxia liberal vazia. O fato objetivo em relação ao Brasil foi que cresceu aceleradamente enquanto se industrializava, e passou a crescer muito pouco quando entrou em processo de desindustrialização prematura. Salvou-nos o agronegócio, sem o qual teríamos simplesmente estagnado.

Para que economia brasileira volte a crescer e a realizar o alcançamento muitas coisas são necessárias. Neste capítulo vou tratar da política macroeconômica necessária; no próximo, das reformas necessárias. Não vou dizer coisas óbvias. Que é preciso investir mais na infraestrutura, e, para isso, é preciso o planejamento das concessões a serem realizadas. O ideal é que serviços públicos monopolistas sejam geridos por empresas do Estado, mas o fato objetivo é que o Estado brasileiro está sem recursos para financiar os investimentos necessários. A estratégia fundamental que Roberto Campos utilizou nos anos 1960 — estatizar as empresas, elevar seus preços e financiar os investimentos da Eletrobras e da Telebras com os lucros monopolistas — é uma alternativa, mas talvez não haja espaço para ela hoje. Que é preciso aumentar ao invés de diminuir os gastos do Estado por aluno em educação e por paciente em saúde. Que é preciso eliminar os privilégios que gozam rentistas e altos burocratas públicos. E muitas outras coisas. O desenvolvimento econômico é sempre o resultado de uma multiplicidade de políticas que estão sendo sempre renovadas. E que só são bem-sucedidas se jogarem com a lógica do mercado e não contra ela.

A política voltada para o desenvolvimento econômico fundamental é a política macroeconômica. É necessário que duas contas sejam mantidas equilibradas e que os cinco preços macroeconômicos (a taxa de lucro, a taxa de juros, a taxa de câmbio, a taxa de salários e a taxa de inflação) sejam mantidos certos. As duas contas a serem equilibradas são a conta fiscal e a conta-corrente. Comecemos por elas.

## As duas contas: a fiscal e a cambial

Não vou repetir os argumentos a respeito da importância do equilíbrio fiscal e da necessidade de expansão fiscal nos momentos de recessão ou evidente desaquecimento da economia. Os efeitos desestruturadores da irresponsabilidade fiscal são grandes. Mas essa não é uma proposta liberal de política econômica? Sim, é liberal, mas é também desenvolvimentista. Desde que não seja "*the only game in town*", como acontece com o liberalismo econômico. Ao novo desenvolvimentismo interessa um Estado forte, que tenha capacidade fiscal para intervir firmemente quando é necessário; não um Estado quebrado financeiramente. O que o novo desenvolvimentismo critica é a *austeridade* neoliberal ou ortodoxa, para a qual dou um sentido específico e claro: austeridade, diante de um desequilíbrio macroeconômico que é ao mesmo tempo fiscal e cambial, porque caracterizado por déficits público e em conta--corrente elevados, é fazer apenas o ajuste fiscal, cortando a despesa pública, sem promover ao mesmo tempo a depreciação da moeda nacional. É, portanto, fazer o "ajuste interno", como se não houvesse taxa de câmbio para depreciar, e esperar que o ajuste externo também ocorra devido à queda dos salários reais e o consequente aumento da competitividade do país. É uma forma perversa de ajuste, porque seu custo incide apenas sobre os trabalhadores ou os assalariados. Se o ajuste incluísse políticas para a diminuição dos juros e a depreciação cambial, os juros, aluguéis e dividendos dos rentistas perderiam poder aquisitivo da mesma forma que o perdem os salários, e envolveriam uma redução maior dos juros do que aquela causada apenas pelo ajuste fiscal. Dessa maneira, os custos do ajuste seriam distribuídos entre assalariados e rentistas, ao invés de ficarem exclusivamente por conta dos assalariados como acontece quando se pratica austeridade.

Ao contrário da ortodoxia liberal, não considero o problema fiscal o maior problema da política econômica no Brasil. Entre 1999 e 2010, a economia atingiu suas metas fiscais, e eu, em certo momento, cheguei a acreditar que o populismo fiscal tinha afinal sido vencido, porque os políticos brasileiros já estariam bem informados dos riscos em que incorriam ao serem irresponsáveis no plano fiscal, e que não valia a pena ignorar a fiscalização e a crítica da mídia em relação a esse problema. Infelizmente eu estava errado. A presidente Dilma Rousseff acabou incorrendo no populismo fiscal, principalmente ao ter promovido desonerações fiscais, e, em consequência desse populismo e da queda de receitas causada pela recessão iniciada em 2014, o país mergulha em uma crise fiscal. Que não foi a causa direta da recessão, mas afinal contribuiu para ela tirar do governo capacidade fiscal para fazer frente ao forte desaquecimento da demanda que ocorreu naquele momento. As consequências são conhecidas. A dívida pública bruta salta de 51,5% do PIB em dezembro de 2013 para 70,0% em dezembro de 2016; os números correspondentes para a dívida líquida foram 30,5 e 46,2% (gráfico 14). Essa dívida não seria alta demais não fosse a taxa de juros que recai sobre ela. No primeiro ano do segundo mandato de Dilma, a irresponsabilidade fiscal é transformada em austeridade fiscal, mas, em seguida, depois do golpe parlamentar, o governo Temer (2016-18) volta firmemente para o populismo fiscal, ao mesmo tempo que procura enganar a elite financeiro-rentista fazendo o Congresso aprovar uma absurda emenda constitucional congelando em termos reais o gasto público, exceto, naturalmente, os juros pagos pelo Estado. Na prática, em 2017, o déficit primário ficou em R$ 117,5 bilhões, R$ 41,5 bilhões acima da meta fiscal definida para esse ano.

O teto fiscal congelado não terá condições de ser obedecido, e deverá ser revogado pelo governo que for eleito em outubro de 2018, independentemente das suas orientações ideológicas. Ou melhor, deverá ser substituído por um teto fiscal, proporcional ao PIB, e duas metas fiscais: uma meta para a despesa pública corrente inclusive juros, e outra para o investimento público. O teto da despesa corrente deverá garantir uma poupança pública de 2,5% do PIB, enquanto a meta de investimento público deverá ser de 5% do PIB. Isso significa que uma metade do investimento público será financiada pela poupança pública e a outra metade pelo déficit público, que, portanto, ficará limitado a 2,5% do PIB — uma porcentagem menor do que se deverá esperar de crescimento do PIB, de forma que não implicará aumento da dívida pública. O alcançamento desses objetivos exigirá do governo um esforço fiscal extra, que deverá ser gradual.

Ao propor a adoção da poupança pública como uma métrica fiscal importante e ao incluir a despesa de juros na conta fiscal e voltar a considerar o déficit público (sem prejuízo de se continuar usando o superávit primário também), estou propondo que os juros sobre a dívida pública sejam incluídos pelo governo e pelos economistas na avaliação e no controle das contas públicas. Em 2017, os juros pagos pelo Estado (setor público consolidado) subiram a R$ 400,8 bilhões e representaram 6,11% do PIB e quase a metade do orçamento público. Até 2013, parte dos juros pagos era financiada pelo superávit primário, e desde 2014 o setor público toma empréstimos para pagar juros. É uma condição que Hyman Minsky denominou de "Ponzi" — insustentável financeiramente.

O ajuste fiscal é importante, porque a irresponsabilidade fiscal enfraquece o Estado, e torna necessário uma taxa de lucro, satisfatória para as empresas investirem, mais alta do que seria se o nível da taxa de juros fosse menor, e porque o ajuste cambial depende em parte da taxa de juros. Os dois ajustes são, portanto, interdependentes, mas o ajuste cambial é mais importante porque dependem dele a competitividade do país e a taxa de investimento, e porque a irresponsabilidade cambial pode levar facilmente à crise de balanço de pagamentos. No caso brasileiro, o equilíbrio cambial implica um superávit em conta-corrente que proponho ser de 1% do PIB. A razão é simples. Se o país não tivesse a doença holandesa, zerar a conta externa seria suficiente para manter a taxa de câmbio competitiva, flutuando em torno do equilíbrio corrente. O superávit em conta-corrente pode ser pequeno, porque, diferentemente dos países exportadores de petróleo nos quais o custo de extração é baixo, no Brasil a doença holandesa não é tão severa. Na verdade, essa meta porcentual deveria variar de acordo com o preço das *commodities* exportadas. Estou propondo 1% de superávit para que fique clara a necessidade de algum superávit em conta-corrente, e que facilitará a mudança da cultura do país em relação a esse problema. Entendo que os brasileiros estão convencidos que um déficit em conta-corrente de 3% do PIB, e que este seja financiado principalmente por investimentos diretos, é o melhor dos mundos possíveis. Essa é uma crença panglossiana, é ver o mal e entender que é o bem.

Note-se que não falei da poupança total do país. Os liberais dizem que para o país crescer basta poupar mais e ter responsabilidade fiscal. É claro que o Brasil precisa poupar mais, é claro que deve ficar livre do populismo fiscal e do populismo cambial, que deve fazer a crítica da alta preferência pelo consumo imediato que assola o país, mas não existem receitas simples sobre o assunto, a não ser a de que o Estado deve realizar uma poupança pública, que deve, portanto, ser responsável no plano fiscal. Existem os mecanismos de poupança forçada, como os fundos previdenciários, mas não vejo espaço para isso na economia brasileira. O aumento da poupança privada é um problema realmente complicado. A tese de Keynes e Kalecki, de que a poupança depende do investimento, é um ponto alto da teoria econômica. Ao invés de pensarmos com a lógica do porquinho que os pais dão aos filhos para ensiná-los a poupar, devemos considerar que o aumento do investimento devidamente financiado resulta em aumento da renda e correspondente aumento da poupança. E devemos, pragmaticamente, procurar outras políticas que possam estimular o aumento da poupança privada. O que definitivamente não podemos é esperar que a poupança privada aumente por meio de uma política de austeridade neoliberal.

## Os cinco preços macroeconômicos

Vimos que são cinco os preços macroeconômicos, e que o mercado não tem condições para mantê-los certos ou equilibrados. Para cada um deverá haver, portanto, uma política econômica. Para os juros deverá haver uma política fiscal e uma política de juros baixos; para o câmbio, uma política cambial; para os salários, uma política de salário mínimo e de proteção ao trabalho; para a inflação, uma política de metas que adicione a meta de emprego; e para a taxa de lucro, que dependerá dos quatro preços anteriores, uma política de taxa de lucro satisfatória.

*Taxa de juros.* Comecemos pela taxa de juros. É essencial que o nível de juros real em torno do qual o Banco Central do Brasil (Bacen) pratica sua política monetária seja baixo, ou seja, apenas ligeiramente (digamos, entre um e dois pontos percentuais) acima da taxa de juros básica adotada pelos países ricos. A recessão recente obrigou o Bacen a reduzir fortemente esses juros para cerca de 3% ao ano em termos reais. Ainda estão altos, porque a taxa de juros básica nos países ricos está em torno de zero. Agora a economia está saindo da recessão, mas é necessário que o banco não volte a novamente aumentar os juros. Deve estar claro para ele que deve perseguir duas metas — a de inflação e a de crescimento — e não apenas a primeira.

De que dependem os juros? Mais especificamente, de que depende a taxa de juros real básica? Em princípio, depende da demanda e da oferta de poupança, ou da demanda por empréstimo e da oferta de recursos financeiros, mas como medir esses agregados? Um fato a favor dessa explicação seria a taxa de juros ser muito alta quando as economias se aproximam ou alcançam o pleno emprego, mas isso nem sempre acontece. Marx dizia que a taxa de juros depende da taxa de lucro, porque ele a define como a parte dos lucros que o empresário capitalista cede ao rentista pelo empréstimo que lhe faz para investir. A definição é correta, mas daí não se segue que, quanto maior for a taxa de lucro, mais alta será a taxa de juros. Keynes defendeu a ideia mais atrativa, que a taxa de juros depende de uma convenção (uma instituição informal) e da preferência pela liquidez dos agentes econômicos; foi uma bela ideia que permitiu a ele definir um conceito econômico fundamental — o da armadilha da liquidez, que tira poder à política monetária —, mas não logrou uma explicação satisfatória para os movimentos da taxa de juros básica.

Na determinação da taxa de juros duas variáveis fundamentais são a incerteza e o risco. Como estamos interessados na taxa de juros básica, o risco que interessa é o risco-país, que depende de uma série de variáveis, o que não é o caso aqui de repassar. É importante, apenas, assinalar que o risco-país é importante na medida em que define um piso para a taxa de juros real básica abaixo do qual ela deve cair.

Se foi sempre difícil chegar a uma teoria da determinação da taxa de juros pelo mercado, essa dificuldade tornou-se ainda maior desde que os bancos centrais passaram a definir administrativamente, por seu conselho monetário, a taxa de juros básica da economia. Durante certo tempo os bancos centrais disfarçaram esse seu poder procurando definir essa taxa via mercado, ou seja, via compra e venda de títulos do Tesouro, as chamadas operações de mercado aberto. Mas aos poucos essas operações se tornaram secundárias, e, entre os cinco preços macroeconômicos, a taxa de juros se tornou uma taxa essencialmente resultante da política do banco central — especificamente, da política de controle da inflação, embora deva também ser resultante da política de desenvolvimento econômico.

Ao passar a ter esse caráter a taxa de juros, a política de juros (agora uma expressão mais precisa do que política monetária) dos bancos centrais deveria ser a de manter o nível da taxa de juros o mais baixo possível, elevando-o acima desse nível, ou levando abaixo dele, dependendo do maior ou menor aquecimento da demanda. Tendo apenas a preocupação de a taxa de juros não ser tão baixa ao ponto de propiciar bolhas financeiras. Entretanto, ao se tornar a taxa de juros básica um preço administrado, surgiu a possibilidade do seu uso *espúrio*. O uso legítimo é o do controle da inflação e o da política de pleno emprego; o espúrio é seu uso para beneficiar os rentistas. Nos anos 1970, quando muitos países em desenvolvimento tinham taxas de juros muito baixas, senão negativas, o surgimento da tese ortodoxa de que existiria nos países em desenvolvimento uma "repressão financeira", a proposta de "aprofundamento financeiro", ou seja, de aumento da taxa de juros real, foi essencialmente uma política para beneficiar rentistas e financistas. No Brasil, desde o Plano Real, a política de juros do Bacen tem sido enviesada a favor dos rentistas. Só esse viés explica por que o banco eleva tão rapidamente e baixa tão relutantemente a taxa de juros.

*Taxa de câmbio*. Em relação à taxa de câmbio, é preciso, para começar, defender a ideia de uma *política cambial*, que não é aceita pela ortodoxia liberal. Esta pretende que a taxa de câmbio seja completamente livre, ao sabor da oferta e da procura por moeda estrangeira. Uma condição que nunca acontece nos países em desenvolvimento e raramente acontece nos países ricos, já que em vários momentos, seja porque a moeda nacional está se depreciando, ou está se apreciando muito rapidamente, os bancos centrais intervêm comprando e vendendo reservas. Para os países que detêm moedas-reserva, principalmente para os Estados Unidos, uma política cambial explícita envolve problemas econômicos e políticos, e por isso não é adotada, mas esse país tem no Ministério das Finanças (Treasury) uma seção encarregada de sugerir a política cambial para o próprio Ministério das Finanças e o Federal Reserve Bank implementarem.

Uma proposta fundamental para o Brasil, que deriva do coração da teoria novo-desenvolvimentista, é a necessidade de uma política cambial para neutralizar a tendência à sobreapreciação cíclica e crônica da taxa de câmbio. Já discuti bastante essa tendência neste livro. Qual, então, deve ser a política cambial? Deve ser muito simples:

- deve neutralizar a doença holandesa, estabelecendo um imposto ou retenção proporcional à gravidade da doença, e, portanto, variando conforme varia o preço internacional principalmente da soja, do minério de ferro, do café, do suco de laranja e das madeiras.
- deve visar um nível de taxa de juros baixo, recusando não apenas a política de atrair capitais para crescer com endividamento externo, mas também recusando a política de âncora cambial para controlar a inflação.

Creio já ter ficado claro que o imposto de exportação igual à diferença entre o equilíbrio industrial e o equilíbrio corrente (que é a doença) não onera os exportadores, porque aquilo que eles pagam sob a forma de imposto ou retenção recebem de volta sob a forma de depreciação. É, porém, aconselhável que o governo dê garantias adicionais aos exportadores nesse ponto. O exportador poderá argumentar que, com o imposto, ele perderá a vantagem de uma possível elevação do preço da *commodity* que produz e exporta. Mas essa vantagem dura pouco. Em um país como o Brasil, exportador de *commodities*, a taxa de câmbio é determinada essencialmente pelo seu preço internacional, de modo que, quando seus preços aumentam, a taxa de câmbio se aprecia, e o ganho do exportador desaparece. Por outro lado, o produtor deixa de enfrentar a insegurança representada pela volatilidade dos preços da *commodity* que ele exporta. Dado o caráter variável da retenção, dadas sua produção e suas vendas, a receita é segura.

Para cada *commodity* deverá haver uma tabela com faixas de preço em dólares e o imposto respectivo, que, a partir de certo ponto, deverá ser zero, e se poderá prever um imposto negativo caso o preço da *commodity* baixe ainda mais. Essas tabelas devem estar na própria lei, de forma a dar mais segurança aos exportadores quanto à estabilidade de sua receita.

Quem deve formular essa política? Definitivamente, não pode ser o Bacen, porque ele tem dificuldades em não se deixar tentar pelo uso de âncora cambial para controlar a inflação. A proposta é que seja criado um Conselho Cambial Nacional, muito semelhante na sua formação ao Conselho Monetário Nacional.

Além de gerir esses dois pontos (a neutralização da doença holandesa e a política de juros), o Banco Central pode comprar e vender reservas, como, aliás, tem feito.

*Taxa de salários*. Em relação aos salários, a política deve estar focada no salário mínimo, e deve ser redistributiva. A taxa de salários deve em princípio crescer com a produtividade para que uma taxa de lucro satisfatória fique assegurada especialmente para o setor industrial.[22] A política de salário mínimo é distributiva porque a renda é distribuída entre os salários, diminuindo a diferença entre os mais altos e os mais baixos. Mas é preciso saber se há "espaço" para o aumento do salário mínimo sem que este não envolva aumento do salário médio real acima da produtividade. Quando Lula elevou o salário mínimo no seu governo, havia espaço para isso. Quando continuou a aumentá-lo depois, adotando inclusive uma estranha forma de indexação, já não havia mais espaço para novos aumentos, e era preciso esperar por outra boa ocasião para aumentá-lo em termos reais.

*Taxa de inflação.* Discuti pouco o problema da inflação neste livro, felizmente porque ele não é mais o problema terrível que foi entre 1980 e 1994. Nesses 15 anos a alta inflação inercial era o grande problema da economia brasileira e eu dediquei a ele um tempo e uma atenção enormes. Agora quero apenas afirmar meu apoio a uma política de metas não só de inflação, mas de inflação e emprego. Creio que fazer como os Estados Unidos e colocar na lei do Banco Central do Brasil o emprego como meta ao invés do crescimento é melhor, porque sobre este há a influência da produtividade, sobre a qual um banco central não tem poder.

Para que a política de controle da inflação seja menos custosa é fundamental que o Plano Real seja completado, e que toda e qualquer indexação que tenha a participação do Estado brasileiro seja rigorosamente proibida. Discutirei esse ponto no próximo capítulo.

---

[22] Apenas na circunstância excepcional de o progresso técnico ser poupador de capital, ou seja, de a relação produto-capital estar aumentando, é possível elevar a taxa de salários média da economia acima do aumento da produtividade sem que haja diminuição da taxa de lucro.

Sou a favor da política de metas de inflação desde que ela seja concebida e praticada de maneira pragmática. E desde que, ao formulá-la, se estabeleça uma meta realista, e que se leve em consideração seu componente inercial. E que se deixem de lado políticas de controle da inflação que envolvam argumentos centrados nas expectativas racionais e na previsão de queda da inflação com a administração da taxa de câmbio. Alguns dos piores episódios de crise e alta inflação decorreram dessa prática, que foi desastrosa para Argentina, Brasil e Chile, respectivamente em 1978, 1979 e 1981.

*Taxa de lucro.* Termino com a taxa de lucro, que, dos cinco preços macroeconômicos, é o mais importante, porque sem taxa de lucro satisfatória não há investimento, e sem investimento não há crescimento. É o preço crucial que, para o capitalismo como um todo, só deixará de ser satisfatório quando houver uma alternativa realista para o capitalismo, e sua razão de ser, que é o lucro, cair para níveis definitivamente insatisfatórios para as empresas continuarem a investir. Nos países em desenvolvimento, porém, a taxa de lucro, não a taxa de lucro geral, mas a taxa de lucro do setor *tradable* não *commodity*, tende a ser deprimida devido à doença holandesa e devido aos altos juros. Por isso são tão importantes a política de juros e a política cambial.

## Os cinco pontos macroeconômicos

Foi uma análise semelhante a esta que levou um grupo de economistas e empresários industriais, o Grupo Reindustrialização,[23] do qual faço parte, a fazer um documen-

---
[23] Esse grupo é coordenado por Mario Bernardini e tem contado com a participação de Yoshiaki Nakano, Luciano Coutinho, Nelson Marconi, Antonio Correa de Lacerda, Clemente Ganz Lucio, Fernando Bueno, Fran-

to-proposta para o Brasil em outubro de 2015. Nesse documento, o grupo propôs a criação de um conselho específico, semelhante ao Conselho Monetário Nacional, para definir a política cambial, e cinco pontos:
- juros básicos e de mercado compatíveis com nossos principais concorrentes internacionais;
- taxa de câmbio que garanta a competitividade às empresas brasileiras competentes (que, no segundo trimestre de 2015, correspondia a R$ 3,60 por US$);
- uma retenção na exportação de *commodities* variável de acordo com o preço internacional das *commodities*;
- reduzir as tarifas alfandegárias, da alíquota média real de 7,5% atual para 4,5%;
- reduzir a carga de impostos sobre investimentos e produção desonerando a exportação e os investimentos produtivos.

Com base na análise que acabei de fazer e nesse documento que acabei de resumir, proponho que a política macroeconômica do Brasil tenha cinco pontos que são autoexplicativos:

*Ponto 1.* A conta fiscal deve se manter equilibrada, ou seja, deve produzir um déficit público que mantenha a relação dívida pública-PIB constante. Esse déficit público mais a poupança pública (diferença entre a receita total e a despesa corrente) deverão garantir uma taxa de investimento público de 5% do PIB, que, suposta uma taxa de investimento e poupança total de 25% do PIB, representará 20% da despesa total. Quanto ao superávit primário, este perderá importância relativa. O objetivo é controlar a despesa total em relação ao PIB e não essa contrafação que é a de excluir as despesas de juros (como se

cisco Eduardo Pires de Souza, Edgar Pereira, Rafael Fagundes Cagnin, Cristina Zanella, Mauro Arruda, Thiago de Moraes Moreira e Luiz Carlos Bresser-Pereira.

elas estivessem acima do bem e do mal). A lei que estabelecer esses objetivos deve também estabelecer prazos para que eles sejam alcançados.

*Ponto 2*. O nível de taxa de juros, em torno da qual o Banco Central realiza sua política monetária, deve ser o mais baixo possível. O nível baixo é fundamental para o equilíbrio da conta fiscal, e não inviabiliza a política de juros para controlar a inflação porque o Bacen terá liberdade para levá-la acima ou abaixo do nível, conforme a inflação e o ciclo econômico.

*Ponto 3*. O superávit em conta-corrente deverá ficar entre 1 e 2% do PIB, que é necessário para garantir uma taxa de câmbio competitiva, ao nível do equilíbrio industrial, e, portanto, tornar competitivas as empresas que usam tecnologia no estado da arte mundial.

*Ponto 4*. A taxa de inflação deverá ser muito baixa, semelhante à dos países ricos. Não há boas razões para que a inflação no Brasil seja mais alta do que nos países ricos.

*Ponto 5*. A taxa de salários deve crescer com o aumento da produtividade, e a taxa de lucro deve ser satisfatória para as empresas investirem.

CAPÍTULO 7

# As reformas necessárias

A retomada do desenvolvimento e o alcançamento dependem diretamente das políticas macroeconômicas que acabei de discutir, relativas a duas contas econômicas básicas (a fiscal e a externa) e aos cinco preços macroeconômicos, e que resumi em cinco pontos. Mas para que essa política macroeconômica possa ser bem-sucedida são necessárias reformas institucionais que cerceiem o populismo cambial e o populismo fiscal, que eliminem privilégios, que protejam as empresas controladas pelo Estado do fisiologismo político, que facilitem o controle da inflação. Faço, aqui, uma breve lista das reformas necessárias.

## Novo teto fiscal

O atual teto — o congelamento da despesa fiscal real — é absurdo e impraticável, mas não deve ser simplesmente eliminado. O ex-ministro Nelson Barbosa estava caminhando em uma boa direção nessa matéria. O teto mais simples deve ser duplo: um teto para a despesa corrente e uma meta-teto para o investimento público. Em relação a este, entendo que a meta deveria ser 5% do PIB. Quanto ao teto da despesa corrente, que deveria incluir os juros, um bom número seria a média da despesa pública corrente em relação ao PIB em 2011 e 2012, quando a receita e a despesa pública estavam ainda sob controle. Já discuti nos capítulos anteriores, quando tratei da política de ajuste fiscal, a limitação do déficit público a uma porcentagem do PIB, cerca de 2,5% do PIB, e propus uma meta para o investimento público em torno de 5% do PIB, financiado metade por aquele déficit e metade pela poupança pública.

## Reforma da previdência

Deve ser adotada uma reforma da previdência na base da que vem sendo discutida e tornada menos dura pelo Congresso. A necessidade da reforma é certa. É praticamente impossível restabelecer o equilíbrio fiscal sem realizá-la. Não importa que o déficit ocorra nas transferências que não fazem parte direta do sistema previdenciário. Não cabe argumentar que a solução é cobrar melhor os créditos do INSS, ou tornar mais eficientes suas operações. Muita coisa se avançou nesses dois pontos e será necessário avançar mais. Por outro lado, é preciso entender que os sistemas de previdência básica, como é o brasileiro, obedecem e devem obedecer ao regime de repartição e não ao de capitalização, que é próprio dos regimes privados de aposentadoria complementar, porque eles são uma garantia mínima de renda para a velhice e a enfermidade independentemente de qualquer contribuição. Por isso não faz sentido relacionar o benefício com o tempo e o valor da contribuição, a não ser até o máximo de aposentadoria que no Brasil são aproximadamente seis salários mínimos. Por isso e pela necessidade fiscal, é necessário, neste momento, definir uma idade mínima para mulheres e homens, parecendo-me que 62 e 65 anos são dois números razoáveis. Os trabalhadores organizados vêm lutando contra a reforma, mas temos que ter claro para nós que, de tempos em tempos, todos os países precisam rever e reformar seu sistema de previdência pública, que é um grande ativo dos brasileiros.

## Reforma cambial

Esta é uma reforma institucional crucial. E muito simples. Envolve a criação do Conselho Cambial Nacional, com a composição do Conselho Monetário Nacional (ministro da Fazenda, ministro do Planejamento, Orçamento e Gestão, e presidente do Banco Central) mais o ministro da Indústria, Comércio Exterior e Serviços. Significa, portanto, tornar esse conselho e não o Banco Central o responsável pela política cambial. O Banco Central é parte interessada, já que tem como objetivo controlar a inflação. A reforma manterá o regime cambial flutuante, mas o administrará. A ortodoxia liberal diz que essa é a política do "câmbio sujo"; não é. O objetivo da política cambial é manter a taxa de câmbio competitiva, ou, em outras palavras, é neutralizar a tendência à sobreapreciação cíclica e crônica da taxa de câmbio. Nenhum país em desenvolvimento tem condições de realizar o alcançamento sem uma política cambial competente.

## Neutralização da doença holandesa

Já discuti esta reforma no capítulo 3. Para neutralizar a doença holandesa será estabelecida por lei uma *retenção* sobre a exportação de *commodities* proporcional ao seu preço internacional.[24] Ela incluirá uma tabela com o valor da retenção para cada faixa de preço da respectiva *commodity* até o piso de preços a partir do qual a retenção é zerada. Essa tabela deverá fazer parte da lei, para não ficar sujeita a modificações frequentes. Os recursos da retenção serão aplicados em um fundo soberano, em moedas reservas, só sendo internalizados os rendimentos do fundo, para se evitar que a entrada de capitais neutralize a neutralização realizada pela retenção ou imposto. Parte dos recursos arrecadados deverá ser destinada para constituição de um fundo que subsidiará por um período máximo de seis meses a exportação de *commodities* quando seu preço cair abaixo da faixa de retenção zero e estiver dando prejuízo para os exportadores.

### Proibição de indexação formal

Esta reforma é necessária para completar o Plano Real. Nós, brasileiros, aprendemos duramente que não há instituição pior para um país do que a indexação formal. Ela resolve no curto prazo um problema — o do financiamento em regime de alta inflação —, mas a um custo no médio prazo muito grande. Entre 1980 e 1994 o Brasil sofreu alta inflação inercial porque, em 1964, o regime militar decidiu indexar formalmente os financiamentos. Desde que o Plano Real neutralizou a inércia inflacionária, a inflação no Brasil tornou-se civilizada, mas o custo de atingir a meta (que deve ser menor do que as metas que têm sido estabelecidas pelo Conselho Monetário Nacio-

---

[24] A palavra "retenção" talvez seja melhor do que "imposto" do ponto de vista da OMC. De qualquer forma, não há qualquer dúvida quanto a sua legitimidade. Basta ver nos outros países os impostos que recaem sobre as exportações de muitas *commodities*, principalmente do petróleo.

nal) é muito grande devido ao peso dos preços administrados no PIB. A reforma deve, simplesmente, proibir o Estado de promulgar qualquer lei, assinar qualquer contrato, emitir ou renovar qualquer título que preveja correção monetária, que seja indexado. Além de reduzir o custo de combater a inflação, essa reforma terá um aspecto monetário, porque obrigará o Tesouro Nacional a, em um prazo curto, eliminar todos os títulos pós-fixados. Isso não quer dizer que, nas concessões públicas, o contrato de concessão não possa prever mecanismos que considerem a inflação, como, aliás, fazem todos os países do mundo. Mas jamais poderá constar seguir este ou aquele índice de inflação. O máximo que o contrato poderá dizer é que, nas suas revisões regulares, os preços deverão considerar vários elementos entre os quais a produtividade e a inflação. Dizem-me que isso é "impossível" no Brasil. Que a eliminação dos títulos pós-fixados aumentará a taxa de juros demandada pelo mercado. Isso poderá acontecer no curtíssimo prazo, mas minha previsão é que logo os rentistas e os agentes financeiros verão os juros baixarem no mercado porque se estabelecerá uma diferença entre a taxa de juros de curtíssimo prazo e a de longo prazo — diferença esta que só não existe no Brasil. Dizem também que as concessionárias farão lances menores nos leilões, mas bastará ao governo ser firme no valor mínimo que aceitará e deixar muito claro que a indexação está proibida, mas que a inflação não será desconsiderada, para que as empresas participantes se tranquilizem.

## Reforma política

Já discuti esta reforma no capítulo 6. Aqui me limito a dizer que devemos adotar um regime distrital puro. Há uma perda de representatividade em relação ao sistema proporcional, mas ele atende a dois critérios fundamentais para um bom sistema político em um país grande e heterogêneo como é o Brasil. O critério de tornar mais baratas as campanhas, e o critério de assegurar ao partido vencedor se não a maioria no parlamento, um número suficientemente grande de deputados que permita ao governo governar sem ser obrigado a fazer acordos vexatórios com os partidos políticos minoritários — muitos deles meros "partidos de negócios", sem ideologia nem compromisso com o interesse público.

## Governança das empresas controladas pelo Estado

O Estado terá sempre empresas estatais, especialmente aquelas que são monopolistas e atuam em serviços públicos ou em áreas estratégicas. A reforma necessária é simplesmente uma lei que considere crime de responsabilidade a escolha de dirigentes dessas empresas para ocupar postos de direção ou gerência nas empresas estatais de acordo com critérios políticos, para garantir o apoio de parlamentares às políticas do governo, e estabeleça como pena a perda do mandato do presidente, governador ou prefeito que fizer ou permitir nomeações desse tipo.

## Reforma gerencial do Estado

Finalmente, é preciso retomar e aprofundar a Reforma Gerencial do Estado de 1995, que me coube iniciar nesse ano como ministro da Administração Federal e Reforma do Estado. Essa reforma está baseada na mudança dos instrumentos de gestão em favor da administração por objetivos, a competição administrada por excelência e o controle social, e na transferência dos grandes serviços públicos sociais de educação, saúde e assistência social para organizações públicas não estatais que sejam reconhecidas como organizações sociais e assinem contrato de gestão com o poder público. Essa reforma vem sendo realizada desde 1995. Começou pelo governo federal, mas logo se estendeu para os estados e os municípios. Seu objetivo principal é tornar os grandes serviços sociais e científicos do Estado mais eficientes, não para permitir a redução da despesa social, mas para aumentar a qualidade e a abrangência dos serviços sociais sem aumentar seu custo e, dessa forma, legitimar o estado do bem-estar social, que é sempre objeto de ataque do neoliberalismo.

## Política de exportação de manufaturados

A questão se o Brasil deve adotar uma estratégia exportadora ou não é um falso problema que ganhou certo caráter científico devido a um *paper* de Amit Bhaduri e Stephen Marglin de 1990, no qual os autores opunham um modelo *export-led* a um modelo *wage-led*, a partir do modelo das duas elasticidades perversas, e mostraram mais simpatia pelo segundo. Com isso, uma velha antipatia dos desenvolvimentistas clássicos contra as exportações, que supunham ser de *commodities*, pareceu confirmada. Já nos anos 1970, porém, a tese pessimista que os países em desenvolvimento não teriam capacidade para exportar manufaturados foi desmentida pelo surgimento dos primeiros seis países em desenvolvimento exportadores de manufaturados (Coreia do Sul, Taiwan, Singapura, Hong-Kong, Brasil e México). Não obstante, os desenvolvimentistas clássicos continuaram insistindo nesse debate, como se houvesse alternativa para os países em desenvolvimento. Não há. Ou o país se sofistica produtivamente e exporta bens ou serviços com valor adicionado *per capita* cada vez mais alto, ou não se desenvolve. Basta ler cuidadosamente o artigo de Bhaduri e Marglin para perceber que o crescimento *wage-led* supõe o modelo de substituição de importações. Ora, ninguém tem coragem de defender a volta a esse modelo, cujas limitações econômicas continuam grandes, mas se insiste em rejeitar o "modelo exportador". Isso não faz o menor sentido. Já vimos que o modelo de substituição de importações foi, em grande parte, consequência da prática intuitiva de neutralização da doença holandesa em relação ao mercado interno para que o país pudesse se industrializar. Já vimos também que esse modelo tinha tempo de sobrevivência marcado devido ao problema das economias de escala, ao mesmo tempo que a industrialização ou a sofisticação produtiva é essencial para o desenvolvimento. Deixemos, portanto, essa questão de lado. Um país, para se desenvolver e realizar o alcançamento, precisa lograr proficiência técnica e competitividade internacional em alguns setores. E, ao alcançá-la, o país vai necessária e felizmente exportar bens sofisticados.

### Política industrial

Além das políticas macroeconômicas e das reformas institucionais, o projeto de desenvolvimento deve incluir a política industrial — deve incluir um sistema modesto do ponto de vista fiscal para estimular certos setores industriais ou de serviços *tradable* sofisticados considerados estratégicos. Deve ser ela própria uma política estratégica, jamais uma política generalizada de subsídios. E deve envolver a determinação e consecução de objetivos entre os quais, sempre, a exportação. Não deve, portanto, ser uma política protecionista, mas uma política que ajude as empresas a se tornarem competitivas do ponto de vista tecnológico.

Ao lado da política industrial deve haver uma política de ciência e tecnologia, que promova o avanço científico e a atualização tecnológica do país. Essas duas políticas são bem conhecidas dos brasileiros, e contam com o apoio da comunidade de ciência e tecnologia, que é constituída por um grupo de cientistas, técnicos e decisores de políticas de excelente qualidade, que está bem organizada no Brasil pelo menos desde os anos 1970, quando foi criada a Finep — um marco da política de inovação brasileira. Entretanto, o êxito dessa comunidade tem sido pequeno. Quando, em 1999, eu fui brevemente ministro da Ciência e Tecnologia, um problema fundamental que essa comunidade via era o fato de que o Estado brasileiro dedica atenção a essa área e dirige para ela recursos razoavelmente grandes, o que mostra sua prioridade, mas as empresas não correspondem a esse esforço estatal. Pois bem, lendo recentemente um artigo sobre o tema, o grande problema da ciência e tecnologia 18 anos depois continua a ser exatamente o mesmo. Por outro lado, a produtividade da indústria brasileira tem crescido muito pouco desde os anos 1980, desde, portanto, o momento em que a taxa de investimento caiu, a relação produto-capital ou produtividade do capital caiu, e a economia brasileira começou a parar.

Discuti em todo este livro por que o Brasil entrou em regime de quase-estagnação econômica desde 1990. Embora as relações causais na economia tendam a acontecer nos dois sentidos, não há dúvida que não foi por falta de recursos ligados à política de ciência e tecnologia e à política industrial que o desenvolvimento econômico parou. A ligação foi principalmente inversa. Como as empresas industriais foram tornadas não competitivas ou pouco competitivas porque se deixou de neutralizar a tendência à sobreapreciação cíclica e crônica da taxa de câmbio, as empresas reduziram seus investimentos e seus gastos com tecnologia. Eu sempre digo a meus amigos da área de ciência, tecnologia e política industrial que eles "enxugam gelo", ou seja, que seu belo e grande esforço político não produz os frutos esperados, e que eles precisam ampliar seus interesses e passar a também criticar a política macroeconômica. A política de ciência e tecnologia e a política industrial são necessárias, todos os países as fazem, inclusive aqueles que se dizem liberais; o Brasil deve também ter sua política, mas ela não substitui taxas de juros baixas e câmbio apreciado no longo prazo.

## Quem ganha e quem perde

Outra questão recorrente entre economistas desenvolvimentistas é sua rejeição a uma política econômica como é a novo-desenvolvimentista que defende uma taxa de câmbio competitiva e, portanto, mais depreciada do que seria se não houvesse uma estratégia para neutralizar a tendência à sobreapreciação cíclica e crônica da taxa de câmbio. Contra essa posição, que é semelhante à da rejeição da estratégia exportadora de manufaturados, eu tenho alguns argumentos.

Primeiro, se não gostam dessa alternativa, apresentem uma alternativa que viabilize a industrialização, sobre cuja necessidade para o crescimento concordam. Não apresentam, porque não há alternativa.

Segundo, sim, há uma certa redução do poder aquisitivo dos salários no curto prazo, mas como é possível haver desenvolvimento econômico sem algum sacrifício no curto prazo? A estória de que Keynes aboliu da teoria econômica a escassez é uma tolice. Um problema cultural básico que os brasileiros enfrentam é sua alta preferência pelo consumo imediato. É preciso superá-la.

Mas vejamos quem ganha e quem perde com a desvalorização única (*once and for all*) necessária. Ou, em outras palavras, quem ganha e quem perde com a neutralização da doença holandesa e a baixa do nível da taxa de juros — as duas condições necessárias para que a moeda volte a ser competitiva. Não são apenas os assalariados, é preciso também considerar os capitalistas rentistas.

Um jovem estudante perguntou-me recentemente se a oposição à neutralização da doença holandesa tinha origem no agronegócio, dado que a forma de a neutralizar é a imposição de um imposto sobre a exportação de *commodities*, variável segundo seu preço internacional. Respondi que não. A oposição à neutralização da doença holandesa não vem do agronegócio. É verdade que para neutralizá-la eles devem pagar um imposto igual à distância em reais entre o equilíbrio corrente e o equilíbrio industrial. Mas eles recebem de volta o mesmo valor sob a forma de desvalorização do real, que acontece automaticamente no mercado.

Quem, então, é contra a desvalorização ou câmbio competitivo? São os economistas liberais que defendem os interesses dos capitalistas rentistas (que vivem de juros, dividendos e aluguéis), mas, curiosamente, muitos economistas heterodoxos que pensam estarem defendendo os interesses dos trabalhadores ou, mais amplamente, dos assalariados são também contra a desvalorização. Vejamos melhor essa economia política.

Ao ocorrer a desvalorização, quem ganha diretamente são os empresários industriais, porque suas empresas voltarão a ser lucrativas e eles voltarão a investir. Indiretamente, toda a sociedade, porque a taxa de crescimento será consideravelmente maior. E quem perde? Os trabalhadores e os rentistas perdem poder aquisitivo — para os trabalhadores há a perda de poder aquisitivo dos salários; para os rentistas, a perda do poder aquisitivo dos juros, aluguéis e dividendos. Mas o custo de uma depreciação para os trabalhadores é substancialmente menor do que o custo para os rentistas. Para os trabalhadores, o prejuízo com a desvalorização termina no momento em que ela acontece, e logo é compensado, porque o emprego logo volta a aumentar, e, em seguida, os salários também voltam a aumentar. Esse não é o caso dos rentistas. Para eles, além de as suas três formas de receita (juros, aluguéis e dividendos) diminuírem em termos reais, diminui também o valor de sua riqueza — que os trabalhadores não têm. E não bastasse isso, a diminuição dos juros, que é necessária para que haja a desvalorização, definitivamente não interessa aos rentistas. Baixar os juros reduz nominalmente a receita de juros dos rentistas e desvaloriza o estoque de riqueza remunerada por juros. Portanto, rentistas e assalariados perdem com a desvalorização, mas os rentistas perdem substancialmente mais. Por isso é natural que os economistas liberais tenham horror pelo câmbio. Já a posição dos desenvolvimentistas contrários à desvalorização uma única vez (*once and for all*) é para mim incompreensível. Só a incompetência ou o populismo cambial a explicam.

É possível também ver por que a ortodoxia liberal é tão contrária às desvalorizações cambiais, por que ela prefere um ajuste apenas fiscal quando o desajuste é também cambial. Quando surge o problema, como age essa ortodoxia? Ela pratica a "austeridade", um problema sobre o qual se fala muito, mas é geralmente mal definido. A austeridade não é simplesmente a prática de um ajuste fiscal "exagerado", sendo difícil definir o que é exagerado. É essencialmente fazer o ajuste fiscal e não desvalorizar a moeda. É fazer o "ajuste interno", que é inevitável quando um país não tem moeda para depreciar (penso nos países da Zona do Euro), mas é frequentemente adotado enquanto se evita a depreciação. A sequência de ações é simples: faz-se uma forte redução da despesa pública, geralmente mais do investimento público do que da despesa corrente, e o superávit primário aumenta, e o déficit público diminui. Por outro lado, esse ajuste causa recessão, que provoca queda dos salários e diminuição do grau de valorização da moeda (porque o custo unitário do trabalho diminuiu), dessa forma reduzindo-se a sobreapreciação. Quem paga por esse ajuste, que geralmente não é completo, porque a moeda se deprecia, mas não chega ao equilíbrio industrial? Pagam apenas os assalariados. A alternativa é o ajuste completo, no qual, além de se reduzir a despesa pública corrente, preservando-se o investimento público, se promove a desvalorização cambial. Nesse caso os trabalhadores perdem, mas perdem menos porque os rentistas também pagam pelo custo do ajuste, e, como vimos, pagam mais por ele.

Por isso a austeridade é tão atrativa para a ortodoxia liberal, e os economistas liberais não querem ouvir falar de taxa de câmbio e de superávit em conta-corrente. Basta ler os jornais para verificar o que estou dizendo. A palavra câmbio aparece muito raramente nos seus artigos e entrevistas. Como eles são intelectuais orgânicos dos rentistas e financistas, além de não falar em câmbio, eles não falam no saldo em conta-corrente; seu interesse é apenas pelos déficits fiscais que consideram em princípio elevados e exigindo ajuste. São, assim, curiosamente contraditórios. Aceitam déficits em conta-corrente que são sinal de populismo cambial, enquanto rejeitam déficits públicos que são sintoma de populismo fiscal. Deveriam ser contra os dois tipos de déficit, e reconhecer a correspondência entre o saldo em conta-corrente e a taxa de câmbio.

Esses economistas não agem por má-fé. Sua formação teórica não lhes permite ver o desajuste macroeconômico senão do ponto de vista fiscal, porque assumem contra toda evidência que o setor privado está sempre equilibrado. O que dizer dos economistas heterodoxos que também rejeitam a depreciação e não buscam o superávit em conta-corrente? Já vimos que as duas explicações possíveis, que podem se somar, são a incompetência e o populismo cambial. Eles não se dão conta de como são diferentes as consequências de uma desvalorização para os trabalhadores e para os rentistas. E, por isso, representam mal os interesses dos trabalhadores, enquanto os liberais representam bem os interesses dos rentistas. Ambos não representam os interesses da nação.

# Sobre o autor

Luiz Carlos Bresser-Pereira nasceu em São Paulo, em 1934, é professor emérito da Fundação Getulio Vargas, onde leciona desde 1959, e é editor da *Revista de Economia Política* desde 1981.
  Na vida pública ele foi secretário do governo do governador Franco Montoro (1985-86). Foi ministro da Fazenda do governo José Sarney (1987), não conseguiu controlar a inflação com o "Plano Bresser", mas propôs uma solução geral para a crise da dívida dos anos 1980 que o secretário do Tesouro dos EUA rejeitou, mas que 18 meses mais tarde se transformou no Plano Brady, que resolveu a crise. No governo Fernando Henrique Cardoso foi ministro da Administração Federal e Reforma do Estado (1995-98), formulou e iniciou a Reforma Gerencial do Estado e, em 1999, foi ministro da Ciência e Tecnologia.
  Desde julho de 1999, se dedica exclusivamente à vida acadêmica. Em 2010 recebeu o título de Doutor Honoris Causa pela Universidade de Buenos Aires; em 2012, o James Street Scholar da Association for Evolutionary Economics; e, em 2015, o prêmio Juca Pato da União Brasileira de Escritores.

Suas principais influências vêm de Marx, Weber, Keynes e do desenvolvimentismo clássico. Suas contribuições teóricas mais significativas: para a teoria política e social, a teoria da classe tecnoburocrática ou profissional, a teoria da relação entre Revolução Capitalista e democracia, e a teoria da administração pública gerencial; para a teoria econômica, o modelo revisto da tendência à queda da taxa de lucro, a teoria da inflação inercial, e a crítica metodológica da economia neoclássica. Desde o início de 2000, desenvolve um novo quadro teórico, o Novo Desenvolvimentismo, no qual estão o modelo da substituição da poupança interna pela externa, o modelo da doença holandesa, o modelo da tendência à sobreapreciação cíclica e crônica da taxa de câmbio, e uma economia política. Na interpretação do Brasil, usou seu abrangente conhecimento teórico para compreender as coalizões de classe ou desenvolvimentistas ou liberais que marcaram a história do país.

Alguns de seus livros em português: *Desenvolvimento e crise no Brasil* (1968/2003), *A sociedade estatal e a tecnoburocracia* (1981), *Inflação e recessão* (com Yoshiaki Nakano, 1984), *Lucro, acumulação e crise* (1986), *Construindo o Estado republicano* (1994), *Globalização e competição* (2009), *A construção política do Brasil* (2014), *Macroeconomia desenvolvimentista* (com José Luis Oreiro e Nelson Marconi, 2016).

# Referências

AGLIETTA, Michel. *La monnaie:* entre dettes et souveraineté. Em colaboração com Pepita Ould Ahmed e Jean-François Ponsot. Paris: Odile Jacob, 2016.
BHADURI, Amit; MARGLIN, Stephen. Unemployment and the real wages: the economic basis for contesting political ideologies. *Cambridge Journal of Economics*, v. 14, n. 4, p. 375-393, dez. 1990.
BRESSER-PEREIRA, Luiz Carlos. O empresário industrial e a Revolução Brasileira. *Revista de Administração de Empresas*, v. 2, n. 8, p.11-27, 1963.
BRESSER-PEREIRA, Luiz Carlos. A descoberta da inflação inercial. *Revista de Economia Contemporânea*, v. 14, n. 1, p. 167-192, 2010.
\_\_\_\_. A turning point in the debt crisis. *Revista de Economia Política*, v. 19, n. 2, p. 103-130, abr. 1999.
\_\_\_\_. Development economics and World Bank's identity crisis. *Review of International Political Economy*, v. 2, n. 2, p. 211-247, primavera 1995.
\_\_\_\_. *Globalização e competição.* Rio de Janeiro: Elsevier-Campus, 2009.
\_\_\_\_. *Macroeconomia da estagnação.* São Paulo: Editora 34, 2007.
\_\_\_\_. O mal-estar entre nós. *Interesse Nacional*, p. 27-34 out./dez. 2014.

_____. The Dutch disease and its neutralization: a Ricardian approach. *Brazilian Journal of Political Economy*, v. 28, n. 1, p. 47-71, 2008.

_____. The two forms of capitalism: developmentalism and economic liberalism. *Brazilian Journal of Political Economy*, v. 37, n. 4, p. 680-703, out. 2017.

_____. Transição, consolidação democrática e revolução capitalista. *Dados* — Revista de Ciências Sociais, v. 54, n. 2, p. 223-258, 2011.

_____; OREIRO, José Luis; MARCONI, Nelson. *Macroeconomia desenvolvimentista*. Rio de Janeiro: Elsevier, 2016.

_____; RUGITSKY, Fernando. Industrial policy and exchange rate skepticism? *Cambridge Journal of Economics*, bex004, p. 1-16, ago. 2017. Disponível em: <https://doi.org/10.1093/cje/bex004>.

CHANG, Ha-Joon. *Chutando a escada*. São Paulo: Editora da Unesp, 2004. [1. ed. em inglês: 2002].

CHENERY, Hollys; BRUNO, Michael. Development alternatives in an open economy: the case of Israel. *Economic Journal*, p. 79-103, mar. 1962.

CORDEN, W. Max; NEARY, J. Peter. Booming sector and de-industrialization in a small open economy. *Economic Journal*, v. 92, n. 368, p. 825-848, 1982.

COUTO, Miguel; LIMA, Luiz Gustavo Alves; COUTO, Ana Cristina Lima Couto. O déficit público e o crescimento da dívida mobiliária federal. Aprovado para publicação em *Brazilian Journal of Political Economy*, 2018.

FERNANDES, Florestan. *A integração do negro na sociedade de classes*. Volume II – No limiar de uma nova era. São Paulo: Dominus, 1965.

GALA, Paulo. *Complexidade econômica*. Rio de Janeiro: Contraponto, 2017.

HAMILTON, Alexander. *Report on manufactures*. Relatório ao Congresso dos Estados Unidos em sua qualidade de secretário do Tesouro [1791]. Escaneado em janeiro de 2001 a partir de fontes primárias. Disponível em: <http://bit.ly/1FaVTTg>.

HAUSMANN, Ricardo; HIDALGO, César A. et al. *Atlas of economic complexity*. Cambridge: Center for International Economic Development of Harvard University and The Observatory of Economic Complexity, 2014.

JAGUARIBE, Hélio. *Desenvolvimento econômico e desenvolvimento político*. Rio de Janeiro: Fundo de Cultura, 1962.

KALDOR, Nicholas. A model of economic growth. *Economic Journal*, v. 67, n. 268, p. 591-624, 1957.

LAMONICA, Marcos; FEIJÓ, Carmem. Crescimento e industrialização no Brasil: uma interpretação à luz das propostas de Kaldor. *Revista de Economia Política*, v. 31, n. 1, p. 118-138, jan. 2011.

LEWIS, Arthur W. Economic development with unlimited supply of labor. In: AGARWALA, A. N.; SINGH, S.P. (Org.). *The economics of underdevelopment*. Nova York: Oxford University Press, 1958. p. 400-449. [1. ed.: 1954].

LIST, Friedrich. *O sistema nacional de economia política*. São Paulo: Nova Cultural, 1986. (Os Economistas). [1. ed. em alemão: 1846].

LUCAS JR., Robert E. Why doesn't capital flow from rich to poor countries? *The American Economic Review*, v. 80, n. 2, p. 92-96, 1990.

MANOÏLESCU, Mihail. *O século do corporativismo*. Rio de Janeiro: José Olympio, 1938. [1. ed.: 1931].

MELO, Marcus André. The political malaise and the new politics of accountability: representation, taxation and social contract. In: SCHNEIDER, Ben Ross (Org.). *New order and progress* — development and democracy in Brazil. Nova York: Oxford University Press, 2016.

NORTH, Douglass C. *Instituições, mudança institucional e desempenho econômico*. São Paulo: Três Estrelas, 2018. [1. ed. em inglês: 1990].

OREIRO, José Luis. *Macroeconomia do desenvolvimento*: uma perspectiva keynesiana. Rio de Janeiro: LTC, 2016.

\_\_\_\_ et al. Growth of Brazilian economy (1980-2012). Aprovado para publicação em *PSL Quarterly Review*, 2017.

\_\_\_\_; ROCHA, Marcos A. Capital accumulation, external indebtedness and macroeconomic performance of emerging countries. *Journal of Post Keynesian Economics*, v. 35, n. 4, p. 599-620, 2013.

PREBISCH, Raúl. O desenvolvimento da América Latina e seus principais problemas. *Revista Brasileira de Economia*, v. 3, n. 3, p. 47-111, set. 1949. [publicação original na introdução de *Estudio económico de la América Latina 1948*. Santiago do Chile: Cepal, 1949].

RAMOS, Lauro. *A distribuição de rendimentos no Brasil 1976/85*. Rio de Janeiro: Ipea, 1993.

REINERT, Erik S. *Como os países ricos ficaram ricos... e por que os países pobres continuam pobres*. Rio de Janeiro: Contraponto; Centro Celso Furtado, 2017. [1. ed.: 2007].

REZENDE, Felipe. *Financial fragility, instability and the Brazilian crisis*: a Keynes-Minsky-Godley approach. Minds (Multidisciplinary Institute for Development and Strategies): Discussion paper 1, 2016.

ROSENSTEIN-RODAN, Paul. Problems of industrialization in Eastern Europe and South-Eastern Europe. *Economic Journal*, v. 53, p. 202-211, jun. 1943. Disponível em: <www.jstor.org/stable/2226317>.

SICSÚ, João. Dois projetos em disputa. *Teoria e Debate*, n. 88, p. 10-14, maio/jun. 2010.

SOUZA, Jessé. *A elite do atraso*. Rio de Janeiro: Leya, 2017.

_____. *A ralé brasileira*. Rio de Janeiro: Contracorrente, 2009.

THIRLWALL, Anthony P. The balance of payments constraint as an explanation of international growth rates differences. *Banca Nazionale del Lavoro Quarterly Review*, v. 128, p. 45-53, 1979.

VELLOSO, João Paulo dos Reis (Org.). *A questão social no Brasil*. São Paulo: Nobel, 1991.